서비스 딜루전

서비스 딜루전

서비스 딜루전 서비스, 우리는 무엇을 착각하고 있는가

펴낸날	2016년 10월 25일 1판 1쇄
	2019년 3월 15일 1판 2쇄
지은이	이상기 · 구자원 · 전중훤
펴낸이	정병철
펴낸곳	도서출판 휴먼하우스
등 록	2004년 12월 17일(제313-2004-000289호)
주 소	서울시 마포구 토정로 222 한국출판콘텐츠센터 420호
전 화	02)324-4578
팩 스	02)324-4560
이메일	humanpub@hanmail.net

Copyright ⓒ 이상기, 구자원, 전중훤, 2016, *Printed in Korea.*

ISBN 979-11-85455-04-4 13320

이 도서의 국립중앙도서관 출판시도서목록(CIP)은 서지정보유통지원시스템 홈페이지(http://seoji.nl.go.kr)와 국가자료공동목록시스템(http://www.nl.go.kr/kolisnet)에서 이용하실 수 있습니다. (CIP제어번호: CIP2016024818)

SERVICE
DELUSION

서비스 딜루전

서비스, 우리는 무엇을 착각하고 있는가

이상기 · 구자원 · 전중훤 | 지음

휴먼하우스

상식처럼 변해가는 착각에 대한 도전

어떤 사물이나 사실을 실제와 다르게 지각하거나 생각하는 것을 착각이라고 합니다.

세상이 워낙 복잡하게 변하다 보니 우리는 자신도 모르게 많은 착각 속에 빠진 채 살아가고 있습니다. 처음에는 그것이 착각이라고 인지하고 있었지만 시간이 흐르고 익숙해지면서 착각은 상식이라는 모습으로 조금씩 변해가고 우리는 별다른 저항 없이 받아들이게 됩니다. 그러다 보면 어느 시점에서는 그것은 마치 처음부터 사실이었던 것처럼 인식하고 진짜를 잃어버립니다.

청운의 꿈을 안고 시작한 첫 직장 생활부터 지금까지 서비스의 본질을 고민하면서 좌충우돌 살아가고 있습니다. 그러면서 뭔가 이것은 아닌 것 같다는 내면의 비판에 이끌려 서비스를 화두로 연구를 시작하였습니다. 저자들은 일반적인 연구자들과는 달리 서비스 산업에서 다양한 경험을 먼저 하였고, 이후 서비스 경영에 대하여 연구를 시작했기에 접근하는 방법에서 조금은 차이가 있을 것입니다. 그래서 학문적 혹은 이론적인 깊이보다는 현장에서 경험한 고민들에 더 많이 몰입했다고 할 수 있을 것입니다.

선배 학자들이 이루어놓은 연구들을 따라가다 보면 이론에는 매우 충실하지만 현장의 경험이 부족한 경우가 있고, 반대로 충분한 현장 경험을 가지고 있지만 정리할 기회를 놓쳐서 소중한 경험을 후배들에게 전달하지 못하는 경우도 있습니다. 이러한 불균형의 틈새를 조금씩 파고들어 가면서 늦게나마 서비스 경영에 관한 연구를 시작하였습니다. 이 책은 그 연구의 과정에서 하나하나 정리해왔던 내용들을 엮은 것입니다. 좀 더 나은 책으로 엮기 위해서 한 사람보다는 두 사람이, 그리고 두 사람보다는 세 사람의 협업이 필요하다는 공동의 인식으로 세 명의 저자가 힘을 합쳤습니다. 좀 더 의미 있는 책으로 만들기 위하여 지난 몇 년간 서비스에 관련된 여러 가지 토픽을 찾아내고 많은 토론을 하였습니다. 서비스 분야를 연구하고 있지만 저자들은 모두 다른 산업에서 서비스 전략과 운영을 경험하였고, 주된 관심사도 조금씩 다릅니다. 하지만 그동안 공부해왔던 내용과 현장에서의 경험을 바탕으로 더욱 다양한 시각으로 더 많은 현장의 이야기를 전달할 수 있다고 확신합니다.

서비스에 대하여 우리는 상당한 착각 속에 빠져 있습니다. 친절을 서비스와 동의어로 생각하는 착각, 무조건 고객은 왕이라는 착각,

서비스는 아무나 제공할 수 있다는 착각, 서비스와 제품은 별개라는 착각, 서비스는 직무 가치가 낮은 일이라는 착각 등……. 이러한 수많은 착각들 때문에 우리는 서비스의 실체를 제대로 알지 못하고, 그리고 서비스를 제대로 이해하지도 못한 채 서비스 전략을 수립하고 또 실행하려고 합니다.

이제는 진짜 서비스가 무엇인지를 찾아야 할 때입니다. 이 책이 서비스 직원을 비롯하여 서비스 부문의 책임자와 최고경영자, 그리고 서비스를 연구하는 학자들에게, 그동안 알게 모르게 우리를 지배해왔던 착각과 오해에서 벗어나 서비스의 실체를 이해하고 또 그것이 기업의 경영에 얼마나 중요한 요소인지를 인식하는 계기가 되기를 기대합니다.

서비스는 문제 해결을 위한 복합적인 프로세스입니다. 즉 문제 해결을 위한 종합 예술입니다. 그러다 보니 많은 것들이 요구되지만 핵심은 서비스를 필요로 하는 사람에게 적합한 솔루션을 제공하는 것입니다. 아무리 친절하게 응대해도 솔루션을 제공하지 못하면 상대방은 만족하지 못합니다. 오히려 조금 덜 친절한 것 같아도 정확하고 빠르게 솔루션을 제공한다면 상대방은 흔쾌히 '오케이'라고 말할 것입니다. 현장에서의 경험으로 미루어보면 서비스의 제공에서 솔루션이 최우선입니다. 그 다음이 친절이고 미소이고 기타 등등이라고 생각합니다. 솔루션을 얼마나 정확하고 빠르게 그리고 상대방의 기대 수준 이상으로 전달할 수 있느냐에 초점을 맞추어야 합니다. 이 책을 접하는 독자들은 저자들의 이러한 관점을 읽어주시기를 부탁드립니다.

현장의 경험에 집중하여 있는 그대로를 기술하다 보니 부분적으로 표현 방식이나 설명이 다소 거칠다는 느낌도 듭니다. 이는 건강을 위하여 거친 음식을 권하듯이, 다소 거칠게 전달되더라도 진짜 서비스의 실체를 진솔하게 공유하기 위한 것임을 말씀드립니다.

끝으로 이 책에 많은 관심과 기대를 가지고 응원해주신 동료들과 가족, 그리고 이 책의 독자 여러분께 감사의 말씀을 전합니다.

서강 나루터 부근에서

이상기, 구자원, 전중환 드림

CONTENTS 차례

1부

진짜 서비스를 찾아라

01

당신이 알고 있는
서비스는 틀렸다

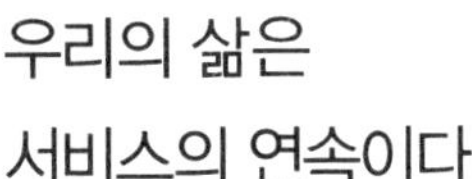

우리의 삶은
서비스의 연속이다

우리의 삶에서 서비스는 더 이상 선택 사항(nice to have)이 아니라 필수 요소(must)이다. 사람들에게 그들이 기억하는 최고의 서비스를 생각해보라고 하면, 아마도 해외출장 중에 머물렀던 5성급 호텔이나 가족과 휴가를 즐겼던 호화로운 휴양 시설을 가장 먼저 떠올릴 것이다. 쾌적한 공간과 시설, 친절하고 유쾌한 직원, 맛있는 음식 등 그곳에서의 행복하고 즐거웠던 기억으로 가슴 설레며, 기회가 되면 한번 더 그곳에서 지내고 싶다는 생각을 할 수도 있을 것이다. 이것이 우리가 지금까지 생각하여 온 서비스에 대한 개념이었다. 하지만 서비스는 더 이상 특급 호텔이나 여객기의 일등석 정도로만 스펙트럼을 국한시켜 다루어야 할 주제가 아니다. 조금 더 넓혀서 이야기한다면 서비스는 이제 삶의 일부분이 되었고 우리의 일상생활에 직간접적으로 엄청난 영향을 미치고 있다.

전자제품을 구매하는 소비자들에게 신뢰할 수 있는 사후 서비스(after service)를 제공하는 것으로 서비스의 의미를 축소시켜서는 곤란하다. 김 대리가 어젯밤 늦게까지 야근을 하면서 작업한 신사업 기획서나 마케팅 보고서가 그것을 필요로 하는 팀장과 동료에게 전달되는 순간 이미 서비스 활동은 시작된다. 이 경우 팀장과 동료 직원은 김 대리가 작업한 기획서나 보고서의 사용자(user)인 소비자(consumer)가 된다. 그 자료가 유용하게 활용되어 소비자가 만족한다면 김 대리는 수준 높은 서비스를 제공한 우수한 직원이 되는 것이다. 학교에서 선생님이 학생들에게 제공하는 강의는 학교라는 공동체의 주 고객인 학생들에게 제공되는 가장 중요한 서비스이며, 가족들을 위해 준비한 맛있는 저녁식사와 따뜻한 집안 분위기는 어머니가 가족들에게 제공하는 최고의 서비스이다. 이처럼 직장과 학교 그리고 가정에서 우리는 끊임없이 서로가 서로에게 서비스를 제공하고 있는 것이다. 'give & take'를 넘어 'share & share'로 서로가 서로에게 서비스를 제공하고 또 제공받고 있다.

다른 여러 가지 요소들도 있겠지만, 결국에는 조직에서 자신을 둘러싼 주위 사람들에게 좋은 서비스를 제공하는 사람을 우리는 인간관계가 좋은 사람 혹은 관계 지향적인 사람이라고 정의한다. 이처럼 우리의 삶은 내가 관계하는 상대방에게 서비스를 제공하고 또 상대방으로부터 서비스를 제공받는 것으로 이루어진다고 하여도 과언은 아니다. 우리 스스로 서비스의 제공자이면서 소비자인 사회에 살고 있는 것이다. 결국 요람에서 무덤까지 어느 한순간도 서비스와 연관되지 않는 순간은 없는 것이다. 즉, 신생아실에서 장례식장까지 우리는 서비스 속에서 인생을 시작하고 또 인생을 마무리하는 것이다.

UN에서 발간하는 미래보고서에 따르면 2030년까지 20억 개의 일자리가 사라진다고 한다. 덜컥 겁이 나는 무서운 이야기이다. 맥킨지(McKinsey) 연구소를 비롯한 세계의 유수한 연구소들은 첨단 기술이 지금의 일자리를 잠식할 것이라고 예측한다. 근래에 들어 언론 매체에 많이 회자되는 주제어로 사물인터넷(IoT, internet of things), 클라우드(cloud), 로봇, 무인자동차, 차세대 유전자 지도, 3D 프린터, 신재생 에너지, 나노 기술 등이 있다. 그리고 4차 산업혁명 혹은 Industry 4.0이라고 불리는 용어는 이러한 내용들을 좀 더 현실감 있게 전해주고 있다. 그 와중에 '알파고'의 등장은 이러한 예측들을 조금씩 더 신빙성 있게 만들어가고 있다.

20억 개의 일자리가 사라진다는 미래의 현실 속에서도 희망이 싹트는 영역은 있다. 그것은 서비스 분야이다. 어떠한 신기술이 개발되든 어떤 신물질이 발명되든 거기에는 관련된 새로운 서비스가 함께 창출되기 때문이나. 새로운 기술과 제품의 출현은 새로운 서비스를 요구하게 되고, 새로운 서비스는 기술과 제품을 더욱 유용하게 만들어준다. 그리고 그 서비스를 제공해줄 서비스 전문가를 필요로 하게 된다.

이런 관점에서 보면, 이미 서비스 분야에 종사하고 있거나 서비스를 공부하는 사람들은 선견지명이 있었든지 아니면 아주 운이 좋은 사람들임에 틀림이 없다. 어떤 경우에도 서비스에 관련된 직업은 진화되고 분화되며 계속 발전할 것이다. 더불어 진화된 서비스 관련 직무와 전문 인력을 지속적으로 필요로 하게 될 것이다.

이러한 시대적, 환경적 변화는 서비스 직원, 서비스 전문가 혹은 서비스 관리자 및 서비스 리더들에게는 더욱 높은 수준의 전략과 실행을 요구하고 있다. 지금까지 해왔던 서비스 제공 방식으로는 시장에서 살아남지 못할 것이다. 설사 살아남는다 하더라도 서비스 사다리의 가장 아래에 자리한 서비스 블루칼라(service blue color)의 영역에서 일하게 될 것이다. 이러한 예상은 영리기업인 산업계에만 국한되는 것은 아니며, 학교, 병원, 정부, 비영리기구(NPO, non-profit organization) 등 사회의 전 분야와 모든 조직에 같이 적용되고 또 요구될 것이다.

'따로 또 함께' 하는
제품과 서비스

상품으로 판매되는 서비스와 제품은 여러 면에서 서로 반대되는 성격을 가지고 있다. 이론적으로, 제품은 보고 만질 수 있는 유형의 물건으로 정의하는 데 반해, 서비스는 아이디어나 개념과 같은 무형의 효용으로 정의한다. 100% 서비스로만 구성되는 서비스 상품과 서비스가 전혀 끼일 자리가 없는 서비스 0%인 제품은 이론으로만 존재하며 시장에서는 찾을 수 없다. 대표적인 서비스 상품이라고 할 수 있는 금융 상품의 경우에도 통장, 증서, 약관, 안내장 등의 유형적인(tangible) 요소를 수반하여 판매와 고객 서비스에서 중요하게 활용된다. 100% 제품에 가까울 것 같은 공산품도 사용 방법을 안내하기 위해서 혹은 미래에 있을 애프터서비스를 위하여 컨택센터(콜센터)를 운영한다. 이처럼 제품을 판매한다고 생각하지만 이미 서비스라는 무형적인(intangible) 요소가 제품에 추가되어 거래되고 있는 것이다.

소비자의 입장에서 보면 제품 따로 서비스 따로는 불가능한 선택이다. 제품과 서비스를 한 묶음으로 구매한다고 보는 것이 더 정확한 표현이다. 그래서 서비스와 제품은 '따로이면서 또 함께'라고 보는 것이 적절한 표현일 것이다. 예를 들어 소비자가 특정 상품을 구매할 경우 제품의 비중이 90%이며 나머지 10%가 관련된 서비스로 구성될 수 있다. 혹은 반대의 비중으로 구성될 수도 있다.

제품에 대응하여 서비스는(혹은 서비스 상품은) 제품과는 다른 여러 가지 특성을 가지고 있다. 유형화 전략을 도입하여 서비스 상품을 유형화하는 시도를 하고 있지만 본질은 무형의 상품이다. 서비스는 대부분 생산과 소비가 동시에 일어나며, 고객이 서비스 프로세스의 한 부분을 차지힌다. 때론 고객이 서비스 생산의 한 부분을 차지하는 경우도 있다. 생산과 소비가 동시에 일어나므로 서비스는 제품과 달리 재고라는 개념이 없다. 물론 서비스의 유형화를 위하여 만들어진 안내장, 약관 등의 재고는 존재하겠지만 생산된 제품의 재고와 비교하기에는 다소 무리가 따른다. 서비스는 성격상 사전 품질관리도 거의 불가능하다. 그래서 고객과의 접점에서 서비스를 직접 제공하는 서비스 담당 직원의 교육훈련이 중요하다. 서비스는 재고로 보관하는 것이 불가능하므로 시간적으로 소멸성을 지닌다. 예를 들어 개봉관에서 영화는 정해진 시간에 맞추어 상영되지만, 관객이 상영관 좌석 수의 10%뿐이라면 나머지 90%의 좌석이 제공하는 서비스는 그 시간에 소멸하는 것이다.

서비스는 생산과 소비가 동시에 이루어지며 고객이 서비스 프로세스의 한 부분이 되므로, 서비스를 제공하는 서비스 직원의 역량과 역할이 제조업에서 생산을 담당하는 직원과 비교할 수 없을 정도로 중요하다.

이처럼 서비스는 제품과는 여러 면에서 많이 다르다. 그런데 기업은 이 둘을 함께 묶어서 판매하고 소비자는 패키지로 구매한다.

판매자의 입장에서는 서비스 프로세스 또한 상품으로 생각하지만, 고객은 서비스 프로세스를 거쳐서 고객에게 전달되는 효용만을 상품으로 인식하는 경향이 있다. 전통적인 제조업에서는 재고를 기준으로 생산과 마케팅을 분리하지만, 이러한 개념은 서비스에 적용하기는 어렵다.

이러저러한 이유들로 서비스와 제품은 매우 다르면서도 따로 떼어놓을 수도 없는 '따로 또 함께' 하는 그런 사이인 것이다.

서비스 고객의
다양한 형태

시장에는 매우 다양한 고객이 존재한다. 2008년에 개봉되었던 영화 〈좋은 놈, 나쁜 놈, 이상한 놈〉이 생각난다. 그 영화의 제목처럼 고객도 보는 관점에 따라 '좋은 고객', '나쁜 고객', '이상한 고객'으로 나눌 수 있다.

상식적이고 대화가 가능한 고객을 일반적으로 좋은 고객이라고 분류할 수 있다. 나쁜 고객은 블랙슈머(blacksumer)라고 공식적으로 불린다. 서비스 현장의 실무자들이 속어로 '진상고객'이라고 부르는 그룹으로 서비스 직원들이 가장 회피하고 싶어 하는 고객이다. 또 나쁜 고객과는 별개로 좋고 나쁨의 판단 기준을 적용하기 힘든 이상한 고객도 현장에서는 꽤 많이 만나게 된다. 그들은 '좋다 나쁘다'를 떠나서 그냥 '이상하다'라고 정의할 수밖에 없는 고객들이다.

고객(customer)이란 기업으로부터 제품, 서비스, 아이디어 등을 구매하거나 대가를 지불하고 사용하는 사람을 말한다. 좀 더 넓혀서 설명하면 기업 혹은 기업이 판매하는 상품과 교류하고 관계하는 사람 또는 조직이라고 할 수 있다. 실무에서는 고객(customer)과 소비자(consumer)를 혼용하여 사용하기도 하지만, 사실 이 둘은 다른 의미를 가지고 있다. 소비자는 제품, 서비스, 아이디어를 최종적으로 사용하는 사람이지만, 고객은 최종 소비자일 수도 있고 아닐 수도 있어 더욱 포괄적이다.

서비스업과 제조업의 구분을 떠나 서비스를 담당하는 직원들은 다양한 형태의 고객을 상대하게 된다. 개인고객(individual customer)과 단체고객(organizational customer), 외부고객(external customer)과 내부고객(internal customer), 그리고 최종고객(ultimate customer)과 중간고객(intermediate customer) 등으로 구분할 수 있다.

개인고객은 자신과 가족을 위하여 상품을 구매하는 사람을 의미하며, 단체고객은 기업, 정부, 학교 등과 같은 조직에서 조직이나 소속 구성원들을 위하여 상품을 구매하는 고객을 말한다. 외부고객은 상품을 직접 구매하거나 이용하는 사람을 말하며, 내부고객은 조직 내에서 다른 직원으로부터 지원을 받는 내부의 조직 구성원을 뜻한다. 최종고객은 소비자와 같은 개념으로 제품이나 서비스를 최종적으로 사용하거나 소비하는 사람을 말하며, 중간고객은 다음 단계의 고객에게 상품을 판매하기 위해서 상품을 구매하는 사람을 말한다. 중간고객과 유사한 성격의 고객으로 판매조직(intermediary)과 사업파트너(business partner)가 있는데, 이들도 사업의 성격에 따라 아주 중요한 고객이 될 수 있다.

마케팅과 영업의 관점에서는 B2B 고객 혹은 B2C 고객으로 나누어 접근하기도 한다. 건설, 조선, SI(system Integration)와 같이 기업을 대상으로 주로 프로젝트 영업을 하는 사업의 고객을 B2B 고객이라고 하고, 최종소비자(end-user)인 개인에게 제품과 서비스를 판매하는 경우 그 사업의 고객을 B2C 고객이라고 한다. B2B와 B2C 사업은 고객에 대한 이해뿐만 아니라 사업을 영위하는 방식도 상당히 다르게 접근한다.

고객을 직접 만나거나 소통하면서 업무를 수행하는 현장 직원인 영업 사원과 서비스 담당 직원에게는 아마도 가장 중요한 고객이 최종 소비자일 것이다. 하지만 영업과 서비스 부문에서 소비자인 최종 고객에게 좋은 서비스를 제공하기 위해서는 그들만의 노력으로는 한계가 있다. 현장에서 고객을 직접 상대하는 영업과 서비스 부서를 일반적으로 고객접점 부서(front office)라고 부른다. 고객접점 부서에서 고객에게 좋은 서비스를 제공할 수 있도록 시스템, 프로세스, 데이터 등을 개발하고 지원하는 부서를 지원부서(middle office)라고 한다. 경우에 따라서는 지원부서보다 한 단계 더 후방에서 지원하는 후선부서(back office)의 지원이 필요할 수도 있다. 이처럼 지원부서와 후선부서에서 고객의 접점부서에 제공하는 서비스를 내부서비스(internal service)라고 하며, 지원부서나 후선부서의 입장에서는 고객접점 부서인 영업과 서비스 부서가 그들의 주된 고객이 되는 것이다. 이런 경우에 내부고객(internal customer)이라는 용어를 사용한다.

경쟁이 치열한 시장에서 특정 기업이 어느 정도의 생존력을 보유하고 있는지 그리고 앞으로 성장 발전할 수 있는 조직인지를 판단하기 위한, 조금 다르게 표현하자면 살아남을 수 있는 기업인지 조만간 망할 기업인지를 판단하기 위한 한 가지 방법이 있다. 판단의 정확도를 물어본다면 딱히 정확한 답을 줄 수는 없지만, 한 번의 관찰로 그 회사의 장기적인 운명을 파악할 수 있다는 점은 나름대로 의미가 있고, 다른 분석 기법을 사용할 때 참고로 하면 판단에 큰 도움이 될 것이다. 그것은 지원부서가 고객 접점부서를 어떻게 인식하고 있으며, 어떠한 수준의 내부서비스를 어떤 방식으로 제공하는지를 관찰해보는 것이다.

　　내부서비스의 수준과 제공 방식을 보면 해당 기업의 성과와 지속 가능성을 재무적인 자료의 분석 없이도 알아챌 수 있다. 복잡하고 다양한 고객의 욕구(needs)를 충족시키기 위해서는 품질 좋은 내부서비스가 바탕이 되지 않으면 사실 외부서비스는 무의미하기 때문이다. 축구팀의 공격수, 미드필드(midfield), 그리고 수비수를 생각하면 비슷하게 이해가 될 것이다. 탄탄한 수비와 미드필드의 지원 없이는 공격수가 득점을 만들어내기가 쉽지 않다. 만약 지원부서들이 본연의 직무를 망각하고 권력부서로 변하기 시작한다면, 그리하여 고객과의 접점에서 일하는 현장부서들이 고객에게 집중하기보다 오히려 지원부서와의 관계 유지에 더 많은 시간과 노력을 소비하고 있다면 이는 100% 망할 회사라고 해도 별로 틀리지 않을 것이다. 언제 망하느냐는 단지 시간의 문제일 뿐이다.

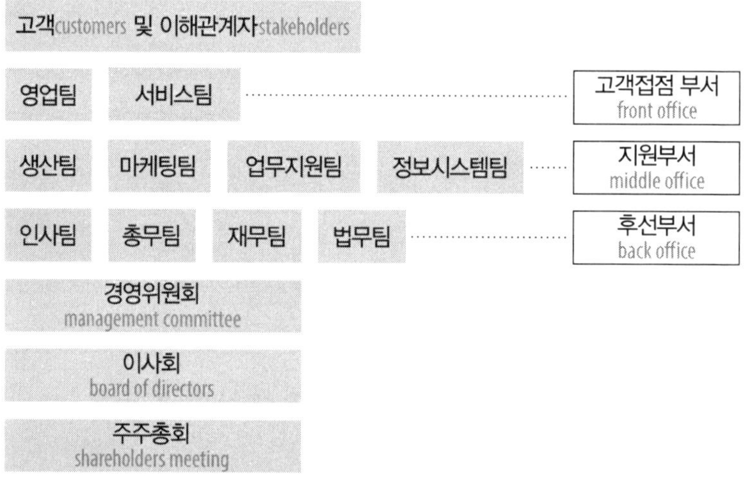

〈그림 1-1〉 서비스 중심의 기업 조직도

서비스의 기본은
솔루션이다

기업에서 내부적으로 이야기하는 서비스는 대부분 고객 서비스를 말한다. 고객에게 제공되는 사전 서비스 혹은 사후 서비스를 모두 서비스라고 표현한다. 고객 서비스란 기업이 운영하는 여러 가지 경영 활동 중에서 고객의 기대를 충족시키기 위한 서비스, 조금 더 좁혀서 이야기하자면 고객이 지금 당면하고 있는 문제를 해결해주는 서비스 활동을 말한다. 이러한 고객 서비스 활동을 통하여 기업은 고객이 계속 자신의 고객으로 남아 있게 만들고 더불어 지속적으로 재구매(repurchase)가 일어나도록 마케팅 활동을 진행한다. 이러한 일련의 과정을 통하여 상당한 기간 동안 서비스에 만족한 고객은 단순한 고객을 넘어 한 걸음 더 나아가 그 기업의 충성고객으로 전환되기 쉽다. 대부분의 충성고객은 주위의 가족, 친구, 동료들에게 해당 기업과 상품을 적극적으로 추천(referral)함으로써 그들이 새로운 고객이 되는 데 많은 영향을 끼친다.

서비스의 기본은 고객의 질문에 응답하고, 요구하는 정보를 제공하며, 구매한 상품이나 서비스로부터 발생한 문제들을 해결해주는 것이다. 즉, 문제를 해결해주는 것이 서비스의 시작이며 마지막이다. 그런 의미에서 진정한 서비스는 솔루션이다. 솔루션의 제공 없이 전달되는 친절과 미소는 서비스가 아니다. 이런 경우 오히려 고객의 불만을 더 초래할 수 있다는 것이 현장의 경험에서 얻은 교훈이다. 고객이 직면하는 문제를 해결해줄 수 있는 솔루션을 제공할 때 진짜 서비스가 제공되는 것이다. 그것도 가능한 '빠르고 정확하고 친절하게' 제공하는 것이다. 서비스에 관한 이야기를 전하는 기회가 주어질 때마다 저자는 이 내용을 가장 강조한다. 조금 극단적인 표현으로, 생글생글 웃으면서 "예, 고객님, 예, 고객님"이라고 말하고 있지만 정작 어떠한 해결책도 제공하지 못하는 서비스 직원은 오히려 고객의 화를 부추기는 결과를 가져오기도 한다.

고객에게 필요한 솔루션을 빨리 정확하게 그리고 친절하게 제공하는 것만으로 좋은 서비스를 모두 제공했다고 하기엔 부족하다. 하지만 기본적인 서비스조차 제대로 제공하지도 못하면서 VIP 서비스, VVIP 서비스, Premium 서비스, Platinum 서비스 등 우아한 이름으로 포장해봤자 '돼지 목에 진주' 꼴이 되기 십상이다. 이러한 서비스에 대한 잘못된 생각은 서비스에 대한 기본적인 이해가 부족한 상태에서 겉멋만 잔뜩 들었거나, 기업이나 조직의 안팎으로부터 잘못된 영향을 받았을 확률이 매우 높다. 특히 서비스를 가르치는 사내외의 강사들이 서비스의 본질에 대한 정확한 이해 없이 친절과 예절, 즉 고객응대 매너를 마치 서비스의 전부인 것처럼 교육하고 있는 현실도 한몫을 하였다고 할 수 있다.

기본적인 서비스를 제공하지 못하는 기업은 무능, 무사안일, 정보 부족, 약속 불이행, 부주의, 잘못된 업무 처리, 불친절 등의 모습으로 고객에게 각인된다. 기본적인 서비스라도 제대로 제공하는 기업은 고객이 필요로 하는 솔루션을 빠르고, 정확하고, 친절하게 전달한다. 이것만 제대로 해도 100점 만점에 80점, 학점으로 치면 B학점은 된다. 기업이나 조직에서 서비스를 담당하는 실무자나 경영자는 솔루션 제공 능력과 세 가지 전달 방법에 대하여 스스로 냉정하게 평가해볼 필요가 있다. '빠르고, 정확하고, 친절하게'의 수준이 어떠한지를 파악하는 것이다.

서비스 수준을 개선시키고자 하는 기업에서 대부분 제일 먼저 시행하는 것이 직원들을 대상으로 하는 서비스 교육이다. 이름하여 친절 서비스 교육이다. 앞에서 언급했듯이 어디서부터 잘못 끼워진 단추인지는 모르겠지만 대한민국의 고객 서비스는 이 친절 서비스 교육 때문에 많이 망가졌다고 해도 과언이 아니다. 솔루션을 전달할 능력이 갖추어지고 난 이후에 친절이 의미를 가지게 된다. 친절은 세 가지 전달 요소들 중의 하나이고 그나마 순서로 따지면 제일 마지막이다.

"리무진 운전사의 미소가 자동차를 대신할 수 없다"라는 리엔지니어링의 대가 마이클 해머(Michael Hammer)의 코멘트 역시 같은 문제를 지적한다. '친절하게'라는 것이 중요하지 않다는 의미가 아니라, 솔루션을 제공할 수 있는 역량을 포함한 서비스 준비의 문제가 우선이라는 것이다. 더구나 '친절하게'는 '빠르고, 정확하게'가 해결된 후의 문제이거나 아니면 최소한 세 가지 요소를 같이 개선시켜야 한다는 의미이다. '빠르고, 정확하게' 고객을 응대하려면, 충분한 업무 지식, 서비스 지원 시스템, 기술(technology), 서비스 프로세스 등이 먼저 준비되어야 한다. 즉, 솔루션을 제공할 준비가 우선이라는 뜻이다. 서비스는 시스템, 프로세스, 서비스 직원의 역량 등이 제대로 융합될 때 효과가 극대화된다. 친절은 직원 역량 중 하나의 요소인 것이다. 충분한 업무 지식을 갖춘 직원, 서비스 지원을 위해서 잘 개발된 IT 시스템, 현업의 현실을 제대로 반영하여 설계된 서비스 프로세스 등이 준비된다면, '빠르고, 정확하게'는 고객이 기대하는 수준을 충분히 맞출 것이다. 만일 '친절하게'를 '빠르고, 정확하게'와 함께 준비할 수 없다면 그 다음으로 준비하는 것이 오히려 타당할 것이다.

상상해보라, 얼굴 가득 예쁜 미소를 머금고, 90도로 깍듯이 인사하면서, 훈련된 아름다운 목소리로 '네, 고객님, 네 고객님'만 되풀이하고 있는 서비스 직원을, 그리고 문제의 해결은 차치하고 최소한의 필요한 정보도 제대로 제공받지 못하는 고객의 그 황당한 표정을.

서비스 점수,
B학점부터 시작하자

'빠르고, 정확하고, 친절하게' 응대하는 것을 고객에 대한 기본적인 서비스라고 정의하였다. 그리고 기본적인 서비스만 제대로 해도 고객들로부터 서비스가 좋은 회사라고 칭찬받을 것이라고 자신 있게 이야기하였다. 그런데 왜 이 세 가지 요소를 서비스의 기본적인 조건으로 설정하였을까? 그것은 현장에서 접해본 수많은 고객들로부터 서비스에 대한 기대 수준이 대부분 이 세 가지 항목으로 이루어졌음을 경험하였기 때문이다. 서비스 접점에서 고객들로부터 받은 피드백의 핵심은 '제대로 된 대답(정보)을, 내가(고객이) 원할 때, 기다리지 않고' 얻을 수 있으면 좋겠다는 것이었다. 물론 이러한 반응에는 서비스 직원의 친절함 혹은 응대 예절은 더 이상 요구하지 않아도 지금도 잘하고 있다는 의미로 해석할 수도 있다. 조금 더 확대해서 해석하자면 상냥하고 나긋나긋하지 않아도 좋으니 제발 빨리 정답을 알려달라는 것이 고객의 진정한 요구인 것이다.

이해를 돕기 위하여 조금은 극단적인 사례를 들어보자. A 은행의 광화문지점에 사업상 급한 자금 문제를 해결할 요량으로 대출 담당자를 방문한 한 고객의 케이스를 가정하자. 첫 번째 케이스로, 고객을 맞이하는 직원(teller)이 너무나 상냥하고 친절해서 지점을 방문한 고객은 기분이 매우 좋았다. 그런데 고객이 지금 필요로 하는 니즈(needs), 즉 어떤 대출을 받는 것이 유리한지, 또 어떤 서류가 필요하고, 대출금을 받을 때까지 소요되는 기간은 얼마나 되는지 등에 대해서는 제대로 답을 못해주는 상황을 설정해보자. 두 번째 케이스로, 앞에서 설명한 직원처럼 그렇게 상냥하고 친절하지는 않더라도, 어쩌면 다소 퉁명스러울지라도, 고객이 원하는 정보를 쉽게 잘 정리해서 설명해준다고 가정하자. 고객의 자금 상태, 대출의 목적 등을 고려해서 가장 적합한 대출 상품을 권유해주고, 또 필요한 서류들을 일목요연하게 정리해서 쉽게 이해가 되도록 해주고, 화룡점정을 하듯이 마무리로 그 서류들이 지점에 도착한 후 24시간 내에 고객의 계좌로 입금된다는 내용까지 전달한다고 설정하자.

이 두 명의 은행 직원을 비교할 때, 물론 조금은 비현실적인 비교이지만, 누가 제대로 고객에게 서비스를 하고 있는가? 당연히 두 번째 케이스일 것이다. 고객 서비스, 고객만족의 출발은 기본적인 서비스를 제공할 수 있는 서비스 직원의 역량이며, 기업 혹은 조직의 서비스 준비 상태이다. 고객의 문제를 해결해줄 수 있는 서비스 직원의 업무 역량을 향상시켜 고객의 기대 수준을 충족시키는 것이 우선이다. 그래서 각설하고, 서비스는 솔루션이다.

고객에게 필요한 솔루션을 '빠르게, 정확하게' 그리고 '친절하게' 전달하는 것이 서비스의 핵심이다. 이것만 잘해도 최소한 B학점은 받을 수 있다. 우선은 B학점부터 받고 시작하자. 그 이후에 생산, 마케팅, 재무, 인사, 정보시스템 등 다른 분야의 학점을 향상시키면서 궁극적으로 A+ 학점의 서비스로 만들어가는 것이다.

탁월한 서비스를 만드는
핵심 요소

탁월한(excellent) 서비스를 주제로 토론을 하면 대부분 고객의 기대 수준을 훨씬 넘어서는 서비스로 정의를 내린다. 이해는 되지만 굉장히 추상적이다. 왜냐하면 고객의 기대 수준은 모두 다르고 그 기대 수준을 예측하고 계량화하기가 거의 불가능하다고 해도 과언이 아니기 때문이다. 그리고 기업은 제한된 자원(resource)으로 성과를 만들어내야 하는 영리 조직이다. 과연 어느 수준까지 서비스를 제공해야 하는가 하는 문제도 같이 대두된다.

탁월한 서비스를 논리적으로 접근하기 위해서 '경제적 부가가치(EVA, economic value added)'의 개념을 잠깐 빌려오자. 경제적 부가가치는 ① 기업이 영업 활동을 통하여 얻은 이익에서 ② 영업 활동을 수행하지 않더라도 그냥 자본금으로 얻을 수 있는 이익(자본비용)을 차감한 잔액이다. 즉, '① − ②'의 값이다. 경영 활동을 수행하지 않아도 자본금으로 일정 수준의 이자 수익을 얻을 수 있다면 최소한 그 보다는 더 많이 벌어야 기업 활동을 통하여 진정한 이익을 창출한 것이라는 개념이다. 고객도 마찬가지일 것이다. 고객은 고객 서비스를 받기 위하여 시간, 노력, 비용을 소비하게 된다. 서비스를 받기 위하여 고객이 스스로 소비한 가치보다 제공받은 서비스의 가치가 더 커야만 고객의 입장에서 밑지는 장사가 아닌 것이다. 고객의 입장에서 서비스 활동을 통한 경제적 부가가치를 아래와 같이 개념적 계산식으로 표현할 수 있다.

서비스의 경제적 부가가치 = 제공받은 서비스로부터 고객이 획득한 가치 − 서비스를 받기 위해 고객이 사용한 가치

〈그림 1-2〉 서비스의 경제적 부가가치

이러한 개념을 이해한다면, 앞에서 이야기했던 기본적인 서비스(빠르게, 정확하게, 친절하게)만으로는 다소 부족해 보이고, 서비스에 대하여 한 단계 더 깊은 고민을 하게 된다. 소비자의 입에서 입으로(구전으로) 서비스가 정말 환상적이라고 소문이 난 기업이나 학교, 호텔들은 그들이 경제적 부가가치라는 개념을 알고 서비스를 제공하였든 모르고 하였든, 그들의 고객들은 제공받은 서비스를 통하여 항상 남는 장사의 느낌을 가졌을 것이다. 즉, 서비스를 통하여 부가가치를 얻었기에 만족하였고, 그래서 시키지 않아도 입소문을 내는 것이다.

그러면 어떻게 해야 부가가치를 제공하는 서비스(value added service)를 제공할 수 있을까? 먼저 고객들이 무엇을 어느 정도의 수준으로

원하는지를 알아야 할 것이다. '지피지기(知彼知己)면 백전불태(百戰不殆)'라는 옛 성현들의 말씀이 그대로 적용된다. 먼저 고객이 무엇을 궁금해하고 무엇을 해결해주기를 원하는지를 알아야 할 것이다. 그리고 여기에 얼마나 빨리, 얼마나 정확하게, 그리고 어느 정도까지 친절하기를 원하는지 추가로 알아야 한다. 지피지기(知彼知己)에서 지피(知彼)에 해당되는 부분이다. 그 다음에는 제공자의 입장에서 어떻게 제공할 것인가를 고민해야 한다. 이것이 지기(知己)이다. 요즘 TV 광고에 자주 등장하는 전화 한 통으로 바로 대출을 제공하는 저축은행의 서비스가 이러한 부가가치형 서비스가 아닐까? 그전 같았으면 가까운 지점을 찾아가서 기다리고 상담하고 대출 서류를 작성하고 그리고 며칠 뒤에 500만 원을 은행으로부터 송금받았을 것이다. 500만 원의 대출을 받기 위해 혹은 대출금을 상환하기 위해 버스 타고 지하철 타고 지점에 가서 번호표 뽑고 기다리고…… 속으로 '정말 대출 안 받고 말지'라는 쓴소리가 목을 타고 넘어오지만 내가 급하니 '울며 겨자 먹기'로 하는 수 없이 꾸역꾸역 그들의 프로세스에 고객이 맞추어왔던 것이다. 그런데 전화 한 통으로, 혹은 인터넷에서 한 번의 접속(click)으로 간단하게 대출을 받고 또 상환할 수 있다면 이것이 바로 서비스를 통하여 경제적 부가가치까지 느낄 수 있는 진정한 서비스가 아니겠는가.

조금 더 체감적으로 느낄 수 있도록 다른 예를 하나 더 들어보자. 현장에서는 이러한 경제적 부가가치만큼이나 중요한 것이 '감정적 부가가치(emotional value added)'이다. 해결할 일이 있어 B 통신회사의 컨택센터에 전화를 걸었다. 일을 깔끔하게 해결한 것은 물론이며 수화기 너머로 들려오는 상담사의 밝고 따뜻한 목소리에서 새로운 활력을 얻을 수 있었다고 가정하자. 간단한 서비스를 받고자 전화를 걸었던 고객은 금전으로 환산할 수 없는 또 하나의 부가가치인 감정적 부가가치를 얻은 것이다. 결국 탁월한 고객 서비스를 제공하려면 경제적 부가가치와 감정적 부가가치를 고객에게 어떻게 전달할 수 있을까를 고민해야 할 것이다. 반복되는 이야기이지만, 친절 서비스 교육만으로는 결코 안 된다는 것을 인지하고, 서비스 직원의 역량, 시스템, 프로세스를 함께 개선하는 준비를 하여야 할 것이다. 친절 부분은 앞에서 언급한 내용들이 완성된 후에 다음 순위로 하여도 무방하다. 조금 더 고집스럽게 저자의 직관을 공유한다면, 친절 교육은 나중에 그리고 적은 비중으로 하는 것이 전체적인 서비스의 관점에서 보면 훨씬 성공 확률이 높다고 확신한다.

기본적인 서비스로 설명했던 '빠르게, 정확하게, 친절하게'에 부가하여 '경제적 부가가치'와 '감정적 부가가치'를 느낄 수 있는 서비스를 제공할 수 있게 되면, 그 기업이나 조직은 아래와 같은 여러 가지 긍정적인 변화들을 경험하게 될 것이다.

- 고객의 반응도 또는 호응도가 달라진다.
- 서비스를 제공하는 접점의 직원(영업 사원과 서비스 직원)들이 자신감, 자부심, 자존감을 스스로 느끼게 된다.
- 기존 고객의 추천(referral)이 증가한다.
- 고객불만(customer complaint)이 감소하고, 발생하더라도 쉽게 해결되며, 불만 해결 프로세스를 통하여 오히려 충성고객으로 만들 수 있다.

- 고객 유지(customer retention)가 향상된다.

- 재구매(repurchase) 및 신상품의 추가 구매(add-sale)가 증가한다.

- 서비스 직원의 퇴사율이 줄어든다.

- 서비스 제공 비용의 효율화가 완성된다.

고객 소통 현황표를
만들어라

영국과의 합작사인 H사에서 근무할 때, 서비스 담당 부장과 함께 지난 사업연도 동안 회사가 고객과 소통한 내용을 파악하기 위하여 새로운 작업을 시도하였다. 어떠한 이유로 혹은 어떤 목적으로 언제, 어떤 방식으로 소통이 이루어졌는지를 찾아보는 작업이었다. 그때 사용한 방법이 고객 소통 현황표(customer touch point matrix)이다. 어떻게 번역하여도 우리말로 매끄럽게 만들어지지 않아 현장에서는 그냥 영어로 customer touch point라는 용어로 사용하였다. 굳이 우리말로 번역한다면 고객 소통 현황표, 고객 접촉 현황표, 서비스 소통 현황표 등으로 표현할 수 있을 것 같은데, 여기에서는 고객 소통 현황표로 번역해본다. 사업연도를 기준으로 지난 1년 동안 발생한 고객과의 소통(traffic)을 분류해보니 고객이 필요에 의해 회사로 연락을 하는 경우도 있었고, 반대로 회사가 어떤 목적이나 이유로 고객에게 여러 가지 통신수단을 이용하여 접촉을 시도한 경우도 있었다.

'어떤 고객에게, 언제(혹은 어떤 주기), 무슨 목적(이유)으로, 어떤 통신수단(전화, 이메일, 우편 등)을 이용하여, 누가, 그리고 반응 등'으로 정리를 해보면 회사와 고객의 소통 모습과 내용들을 파악할 수 있다. 그렇게 작성된 고객 소통 현황표를 찬찬히 살펴보면 아마도 서비스를 담당하고 있는 최고책임자(회사마다 조직이 다르겠지만 주로 COO, CMO, CSO 등)는 당황하거나 황당해하고 어쩌면 분노할지도 모른다. 투입된 인력과 예산으로 얼마나 잘못된 소통을 하고 있는지를 알게 될 것이기 때문이다. 그 표를 보고 별다른 느낌이 없다면 그 임원은 엄청난 인내력을 가진 사람이든지, 그 표를 제대로 이해하지 못했든지, 아니면 담당 직원이 살짝 조작해서 그 표를 작성했을 확률이 높다. 이러한 조작 혹은 조정을 실무자들은 자료를 마사지(massage)한다고 말한다.

저자의 경험에 의하면, 고객 소통 현황표를 정리하여 분석한 내용을 처음 보았을 때 실망, 자괴, 분노라는 단어가 함께 떠올랐다. 하지만 주기적으로 계속해서 customer touch point를 왜곡 없이 작성하고, 발견된 문제점들을 개선해나가면서 고객과 소통하는 방법, 주기, 내용 등에서 많은 긍정적인 변화를 만들어낼 수 있었다. 서비스 부문을 담당하는 COO나 CMO들은 당장이 분석을 보고 직원들에게 화를 내지 않기를 바란다. 화를 내고 질책을 하면 그 다음부터 자료는 왜곡되어 작성될 확률이 높아질 것이다. 대한민국에서 초일류 회사라고 하는 조직에서도 이와 유사한 표를 만들어본다면 처음에는 거의 대동소이한 내용이 나올 것이다. 결코 자신이 몸담고 있는 조직만의 문제가 아니다. 그러므로 직원들을 질책할 일도, 너무 걱정할 일도 아니라고 스스로 위로해도 괜찮을 것이다. 문제를 발견했다면 그때부터라도 개선해나가면 되는 것이다. 적어도 반기별로 한 번씩 고객 소통 현황표를 작성하고, 그 내용을 실무자들과 토론하고 그에 따른 개선안을 실행한다면 상당한 개선을 만들어낼 수 있을 것이다.

〈표 1-1〉 고객 소통 현황표의 예

일정	내용	방법	이유	담당 부서
1월 중순	연간 사용 실적 안내	e-mail	연말정산	고객지원팀
6월말	대출 현황 안내	등기우편	대출 관리	여신팀
신상품 발매 시점	신상품 안내장	일반우편	신상품 매출	마케팅팀
매월	주소 확인	전화	반송 우편물	컨택센터

'진실의 순간'이
회사의 이미지를 결정한다

글로벌 보험회사인 I사에서 컨택센터를 오픈하였을 때의 경험을 공유한다. 최첨단 컨택센터의 환경을 구축하고 또 그것에 걸맞는 업무 프로세스를 디자인하기 위하여 회사 안팎의 많은 이해관계자들을 만나서 협의하고 수많은 자료를 검토하였다. 그리고 회사에서 고용한 해외 컨설턴트와 긴 시간 회의도 하였다. 누가 가르쳐준 것은 아니지만, 컨택센터(당시에는 콜센터라고 불렀다)를 디자인하고 서비스 직원을 채용하고 시스템을 구축하면서 고민한 가장 큰 화두는 '진실의 순간(MOT, moments of truth)'이었다.

아무리 탄탄하게 잘 운영되는 회사라 하더라도 컨택센터의 서비스 직원(customer service representative)과 고객이 대화하는 순간 엉터리 회사로 전락해버릴 수 있고, 반대로 사실은 그렇게 잘 운영되는 회사가 아님에도 불구하고 서비스 직원의 역량 덕분에 서비스를 제공받은 고객은 최고의 회사로 기억할 수 있다. 이것이 '진실의 순간'이다. 서비스 직원과 만나거나 통화하면서 고객은 회사의 실체를 스스로 평가해버리는 것이다. 고객과의 만남에서, 그 만남이 대면(face-to-face)이든 비대면(non-face-to-face)이든 상관없이, 기업에 대한 인상 혹은 선입견을 심어주게 되는 '진실의 순간'이 발생한다. 최근에는 이 '진실의 순간'을 '마법의 순간(moment of magic)'이라고도 부른다. 같은 기업을 최고의 기업으로 만들기도 하고 반대로 최악의 기업으로 만들어버리기도 하는 정말 마법과도 같은 순간이기 때문이다.

진실의 순간이라는 용어는 스웨덴의 경제학자 리처드 노먼(Richard Norman)이 처음으로 사용한 말이다. 고객이 거래하는 회사나 구매하려는 제품에 대한 이미지를 결정하게 되는 15초 내외의 짧은 순간을 의미하며, 상입광고에서 많이 사용하는 마케팅 용어이다.

직원의 역량, 고도화된 시스템, 잘 디자인된 프로세스, 세련된 대응 매너, 대화의 기술 등 고객에게 서비스를 제공할 때 많은 서비스 준비가 필요하고 더불어 서비스 직원에 대한 지속적인 교육과 훈련이 요구되는 것은 바로 이 짧은 '진실의 순간' 혹은 '마법의 순간'에 승패가 판가름 나기 때문이다. 군대가 365일 힘들게 전투 준비를 하고 군사훈련을 하는 것은 언젠가 있을지 모를 단 한 번의 전투에서 승리하기 위해서라는 설명과 같은 맥락이다.

경영자들 중에 이 '진실의 순간'을 정확하게 이해하고 그 중요성을 진지하게 받아들이는 사람이 얼마나 될까? 아직도 재무적 성과요소(KPI, key performance indicator)를 금과옥조로 생각하고 기업을 경영하고 있다면 지금이라도 이 '진실의 순간', '마법의 순간'이 얼마나 중요하며, 오히려 얼마나 무시무시한 단어인지를 깨달아야 한다.

단기적이며 과거 지향적인 성과라고 할 수 있는 재무적 성과에만 몰입하는 폐해를 줄이려고 균형성과표(BSC, balanced score card)를 도입하여 단어의 뜻 그대로 균형을 맞추려고 기업들은 노력하고 있다. 하지만 성과 측정 방법의 종류와 내용에 우선하여 의사 결정권자인 경영자의 경영철학과 생각의 틀부터 바꾸는 노력이 더욱 필요한 것은 아닐까?

어떤 기업이든 의사 결정 라인에서 단 한 명이라도 이 '진실의 순간'에 대하여 고민하는 사람이 있는지를 알아보는 가장 좋은 방법은 그 회사의 컨택센터에 전화를 걸어보는 것이다. 만약 화가 날 정도로 반복되는 자동응답시스템(ARS, automatic response system 혹은 IVR, interactive voice response)이 열심히 돌아가고 있다면, 그 기업은 '파멸의 순간(moments of destruction)'으로 들어가고 있다고 보아도 별 무리가 없다. 고객의 입장에서 다소 짜증스럽긴 하지만 그래도 견딜만한 정도로 자동응답장치가 운영되고 있다면, '비용'과 '진실의 순간' 사이에서 엄청나게 고민한 타협의 결과물이든지, 아니면 힘 있는 CFO(최고재무책임자, chief financial officer)의 비용 절감 전략에 의한 부작용일 수도 있다. 반대로 경쟁사에 비해 가벼운 자동응답시스템을 활용하면서 시스템의 구성이 산뜻하거나 시기 및 이슈별로 자동응답시스템에 변화를 주고 있다면(예를 들어 금융기관의 ARS에서 연말정산 시기에는 세무 상담 부분을 자동응답시스템의 제일 앞부분으로 배치하는 등) 이 기업에서는 자동응답시스템을 설치하면서도 '진실의 순간'을 많이 고민하였을 것으로 추론된다.

누구나 한 번쯤은 컨택센터의 자동응답시스템 때문에 화가 나거나 짜증이 난 기억이 있을 것이다. 물론 이 시스템의 좋은 기능마저 무조건 폄하하는 것은 아니다. 하지만 세상이 디지털화되어 가면서 사람들은 점점 더 인간적인 교감(human touch)을 원하고 있다는 것 또한 기억해야 할 사실이다. 특히 서비스를 기획하고 운영하는 사람들에게는 더욱 그러할 것이다.

'진실의 순간'은 순간적으로 여러분의 회사를 아주 형편없는 기업으로 만들어버릴 수도 있고, 반대로 초일류 기업으로 입소문이 나게 할 수도 있다. 그래서 '진실의 순간'이 '마법의 순간'인 것이다.

CSR은
기업의 성공을 담보하는 자원이다

서비스를 담당하는 직원을 통칭하여 영어로 CSR이라고 부른다. customer service representative의 첫 자를 딴 것이다. 서비스의 중요성을 이해했다면 특히 '진실의 순간', '마법의 순간'에 대하여 조금이라도 공감한다면 이제부터 이들을 CSR의 다른 의미인 company success resource, 즉 '기업의 성공을 담보하는 자원'이라고 불렀으면 좋겠다. 그들이 고객과의 접점에서 회사의 성공에 엄청난 기여를 하기 때문이다. 물론 여기서 말하는 CSR에는 영업 현장에서 판매 업무를 담당하면서 서비스를 함께 제공하고 있는 영업 조직도 같이 포함하는 것이 마땅하다. 서비스와 판매는 앞서거니 뒤서거니 하면서 함께 가는 동반자이기 때문이다. 미국에 소재하는 권위 있는 생명보험 마케팅 연구기관인 LIMRA에서도 판매 7단계로 소개하고 있는 세일즈 프로세스에 서비스 부분을 포함시키며 그 중요성을 강조하고 있다.

기업의 경영 활동에서 영업과 서비스는 가장 핵심적인 활동이다. 영업 활동과 서비스 활동의 대상이 모두 소비자, 즉 고객이며 그들과 직접적으로 접촉하기 때문이다. 그래서 판매 현장의 영업 사원과 컨택센터의 서비스 직원을 함께 CSR이라고 이야기하려는 것이다. 그들이 고객과의 접점에서 상품을 소개하고 판매하고 서비스를 제공하기 때문이다. 그들이 바로 '진실의 순간', '마법의 순간'에 회사를 대표하여 고객과 공감하고 협상하고 설득하는 사람들이다.

이제 CSR은 그동안 customer service representative의 약자에서 company success resource로 그 위상을 재정립시켜야 할 시점에 있다. 그동안 CSR은 조직 내에서 가치가 높은 직무로 인정받지 못한 것이 사실이다. 그러다 보니 상대적으로 교육, 경력개발, 승진 등 성장의 기회에서도 보이지 않는 불이익을 받아왔다는 사실을 누구도 부정할 수 없을 것이다. 모든 기업에서 다 그렇다는 이야기는 아니지만 일반적으로 혹은 평균적으로 그렇다는 이야기이다. 금융기관에서 30년을 넘게 근무한 저자의 경험에 의하면 이 부분은 사실이며 현실이라고 단언할 수 있다.

서비스 직원은 외부 고객들에게 직접적으로 서비스를 제공하는 직원이다. 서비스의 제공 방식에 따라 대면 서비스와 비대면 서비스로 구분할 수 있다. 대면 서비스는 서비스 센터, 고객의 가정 혹은 사무실 등에서 고객과 직접 얼굴을 마주보고 서비스를 제공하는 형태이다. 비대면 서비스는 전화, 이메일, 팩스 등으로 고객이 소재하는 공간과는 다른 장소에서 원격으로 서비스를 제공한다. 인터넷의 발전과 함께 서비스의 제공 형태를 크게 F-C-C, 즉 face-call-click의 세 가지 형태로 설명하기도 한다.

서비스의 개념이 일천하던 시절에는 서비스 직원은 고객 응대와 그와 관련된 사무 처리 업무를 함께 수행하곤 하였다. 최근에는 정보 기술의 발전으로 이러한 사무 처리 업무의 대부분이 전산화되어 서비스 직원의 부담이 줄어들고 있다. 사무 처리 업무의 부담은 줄어들고 있지만 반면에 고객의 서비스 니즈(needs)는 그 폭과 깊이가 훨씬 넓어지고 깊어지는 추세에 있다.

서비스 직원은 회사에서 판매하는 상품에 대한 전문가가 되어야 할 뿐만 아니라 관련 업무에 대해서도 충분한 지식을 갖추고 있어야 한다. 인터넷과 SNS(Social Network Service)의 급속한 발전에 따라 고객이 상품과 관련 업무에 대하여 이해하는 수준 역시 빠른 속도로 상승되고 있으며, 그 추세는 더욱 가속화될 것으로 예상된다. 현상이 이렇다 보니 고객은 더욱 높은 수준의 정보와 문제 해결을 서비스 직원에게 요구하고 또 기대하고 있다. 상품과 관련 업무에 대한 고객들의 이해 수준이 높아짐에 따라 자칫하면 고객이 이해하는 수준보다 더 낮은 수준의 서비스 직원이 고객을 응대하는 불편하면서도 걱정스러운 상황이 나타나기도 한다.

대부분의 기업들은 경험이 풍부한 서비스 직원 중에서 직무역량이 뛰어난 직원을 선발하여 별도의 교육훈련 프로그램을 거쳐 서비스 전문가(professional CSR)로 육성하고 있다. 이들은 좀 더 높은 수준의 전문 서비스를 고객에게 제공하는 것이다. 컨택센터 서비스를 전문적으로 제공하는 BPO(business process outsourcing) 기업 중에는 간호사를 건강검진센터의 VIP 담당 서비스 직원으로, 관광통역사를 명품 브랜드 회사의 외국인 관광객 전담 서비스 직원으로, 자동차정비사를 자동차 및 관련 부품회사의 서비스 직원으로 육성하고 배치하여 더욱 전문적인 서비스를 제공하는 사례도 있다. 회사에 따라서는 전담 서비스 담당자(dedicated CSR 혹은 account manager)를 지정하여 특정한 고객 집단을 전담하여 지원하기도 하는데, 이것은 특정한 고객 집단에 맞춤 서비스를 제공하기 위한 방편으로 이용된다.

고객의 서비스에 대한 요구 수준이 높아질수록 그리고 상품이 복잡하게 진화할수록, 고객에게 부가가치를 제공할 수 있는 탁월한 고객 서비스는 서비스 전문가의 육성과 그들의 역량에 달려 있다고 예측해본다.

도대체 고객은
어떤 모습으로
오는가?

고객의 기대 수준을
파악하라

기대(expectation)는 어떤 일이 발생할 것이라고 생각하는 것이다. 고객 서비스에 있어서 고객의 기대는 고객이 예상하는 서비스의 수준이라고 할 수 있다. 기대가 크면 실망도 크다는 말이 있듯이, 기대 수준이 큰 고객은 기대 수준이 낮은 고객에 비하여 상대적으로 만족시키기가 어렵다. 고객의 기대 수준(customer expectation)은 유사한 서비스를 받았던 과거의 경험에 기초하는 경우가 많다. 해당 기업에서든 혹은 다른 곳에서든 수준 높은 서비스를 받았던 고객은 그만큼 기대 수준이 높아지게 되는 것이다. 유사한 서비스를 경험한 적이 없는 고객은 다른 사람의 이야기, 신문 기사, TV 광고 등을 통한 간접 경험에 의하여 기대 수준을 스스로 조정하게 된다. 고객의 기대 수준을 미리 알 수 있다면 제공해야 할 서비스의 수준을 짐작할 수 있다.

고객의 기대 수준을 미리 안다는 것은 손자병법에서 말하는 지피지기(知彼知己) 중 지피(知彼)에 해당한다. 고객의 기대 수준을 파악하는 것은 서비스를 제공하는 서비스 직원의 입장에서는 매우 중요하다. 서비스 직원이 고객과 대화를 시작하면서, 서비스 지원 시스템을 통하여 과거에 제공했던 서비스의 이력(history)을 볼 수 있다면 고객의 기대 수준을 어느 정도 파악할 수 있을 것이다. 그래서 대부분의 서비스 기업에서는 고객에게 서비스를 제공한 이력을 데이터베이스(data base)로 구축하고 필요할 때 즉시 과거 데이터를 불러내어 참고하면서 서비스를 제공한다.

고객의 서비스에 대한 기대 수준은 거래가 계속되면서 높아져 가는 것이 일반적이다. 해당 기업을 통해서든 아니면 다른 경쟁 기업을 통해서든 수준 높은 서비스를 경험한 고객은 대체로 그 수준의 서비스를 기대하기 때문이다. 그리고 서비스의 내용, 서비스 시간대, 고객의 연령층 등 다양한 변수들이 고객의 기대 수준에 영향을 미친다. 경험이 많은 노련한 서비스 직원과 신입 서비스 직원의 가장 큰 차이점은 이처럼 비정형적이며 주관적인 고객의 기대 수준을 파악하는 능력일 것이다. 과거에 제공된 서비스의 이력이 참고는 될지라도 절대적일 수는 없다. 그러므로 고객의 기대 수준은 서비스를 제공하는 그 시점의 상황과 고객과의 대화를 통하여 파악할 수밖에 없는 어려운 과제이다. 그래서 이 부분은 결국 서비스 직원의 역량으로 해결할 수밖에 없다고 생각한다.

　고객의 기대 수준을 파악하기 위해서는 효과적인 커뮤니케이션 스킬(skill)이 요구된다. 서비스 직원은 커뮤니케이션을 통하여 고객의 기대 수준과 고객의 요구 사항을 정확하게 알아내는 훈련을 지속적으로 하여야 한다. 우리가 초등학교에서부터 익히 들어왔던 '읽기, 듣기, 말하기, 쓰기'는 정확하고 효과적인 커뮤니케이션의 기본이며, 고객의 기대 수준을 파악하기 위한 기초적인 방편이다. '읽기와 듣기'는 고객으로부터 정보를 받아들이는 과정이며, '말하기와 쓰기'는 고객에게 정보를 전달하는 수단이다.

　읽기, 듣기, 말하기, 쓰기는 고객의 기대 수준을 맞추기 위하여 끊임없이 고민하고 훈련해야 할 핵심역량이다.

고객의 인식을
파악하라

　인식(perception)이란 어떠한 사물, 상황, 사람에 대하여 정보를 선택하고, 취합하고, 해석하여 그에 따른 의미를 부여하는 과정괴 그 괴정을 통하여 만들어진 결과를 말한다. 객관적 정보인 사실(fact)을 먼저 인지하고, 이어서 인지한 사실과 그 사실과 관련되는 과거의 경험 혹은 지식 등을 바탕으로 추론(inference)을 하게 된다. 결국 인식은 이 추론을 통하여 본인이 인지한 것을 해석하는 것이다. 이러한 추론의 결과로 현상과 실체에 대한 인식은 개인별로 달라질 수 있다.

예를 들면 팀장이 A라는 사원이 지각한 것을 알게 되었다. A 사원의 지각은 사실(fact)이며 팀장은 이 사실을 인지하게 된 것이다. A 사원의 근태에 대하여 좋지 않은 기억을 가지고 있었던 팀장은 A 사원이 원래 게으르며 전날 과음했을 것이라고 추론을 하게 되고, 그 추론에 따라 A 사원은 성실하지 않은 사람으로 인식(perceive)할 수 있다.

반대로 지각이라는 사실은 동일하지만, 팀장은 A 사원과 함께 프로젝트를 같이 수행한 경험이 있고, 그 프로젝트에서 스케줄을 맞추기 위해 여러 번 밤을 세워가며 함께 일했던 경험이 있다. 그리고 프로젝트를 수행하면서 새벽까지 일하고 퇴근했을 경우에는 조금 늦은 시간에 출근하였다는 기억을 가지고 있다면, 이러한 과거의 경험에 기반하여 팀장은 A 사원이 어제 늦은 시간까지 근무하고 그래서 조금 늦게 출근한 것으로 인식할 수도 있다. 같은 사실이지만, 완전히 다른 그림이다.

서비스를 제공하는 서비스 직원은 먼저 고객이 그 기업을 어떻게 인식하고 있는지를 알아야 할 필요가 있다. 고객이 결정하는 많은 의사 결정들은 사실에 기인하기보다 그들의 인식에 기초하는 경우가 많기 때문이다. 그래서 어떤 기업에서 경쟁사와 비교한 여러 가지 데이터를 제시하면서 자신들이 최고의 서비스를 제공하고 있다고 주장한다면 그것은 매우 위험한 태도이다. 데이터라는 사실이 중요한 것이 아니라 추론이라는 과정을 거치면서 만들어진 개개인별 고객의 인식(customer perception)이 서비스의 질을 판단하기 때문이다. 비슷한 이야기로 커뮤니케이션, 리더십, 성희롱, 그리고 서비스 사이에는 하나의 공통점이 있다. 그 공통점이란 개별 주제에 대한 판단은 내가 하는 것이 아니라 상대가 한다는 것이다.

파라슈라만(A. Parasuraman)과 자이사믈(Valarie A. Zeithaml)과 베리(Leonard L. Berry)는 그들이 연구한 SERVQUAL이라고 불리는 서비스 품질 모형에서 신뢰(reliability), 확신(assurance), 공감(empathy), 반응(responsiveness), 유형 요소(tangible factors)라는 다섯 가지의 기준을 제시하였다. 이 기준을 서비스의 특질(service dimension)이라고도 하는데, 이들은 서비스 품질을 판단하는 요소들이다. 즉 고객이 서비스를 인식하는 데 이러한 다섯 가지 기준들이 영향을 준다는 것이다. SERVQUAL 모형은 연구자의 이름 첫 글자를 따서 PZB 모형이라고 불리기도 한다.

신뢰(reliability)는 약속한 서비스를 일관되게 그리고 정확하게 제공하는 것을 의미하며, 확신(assurance)은 서비스 제공자의 신뢰도, 역량, 태도 그리고 고객에 대한 존중으로 설명된다. 공감(empathy)은 상대의 감정 상태를 이해하고, 자신이 상대방의 상황이라면 어떻게 느낄지를 생각하는 과정을 말한다. 이러한 공감은 상대방에 대한 관심과 배려로 만들어진다. 특히 공감은 불만고객을 응대할 때 매우 중요한 요소로 작용한다. 응답(responsiveness)은 고객을 도와주려는 의지와 빠른 서비스를 제공하는 능력이며, 유형 요소(tangible factors)는 서비스 공간, 시설, 직원의 외모, 안내 사료, 서류 양식, 홈페이지 디자인 등으로 설명된다.

만족과 불만 사이,
서비스 갭(service gap)

서비스의 품질은 서비스 직원이 아닌 고객에 의해 판단된다. 서비스에 대한 본인의 기대치와 비교하여 어떤 서비스를 제공받았는지를 고객 스스로 판단하는 것이다. 서비스를 제공받기 전에 예상했던 기대 서비스(expected service)와 서비스를 제공 받은 후 고객이 인식하는 인식 서비스(perceived service)의 차이를 서비스 갭(service gap)이라고 한다. 고객이 서비스를 획득하기 위하여 소비한 시간, 노력, 비용 등 고객이 사용한 자원과 직접 혹은 간접적으로 경험한 유사한 서비스에 대한 과거의 경험들이 혼합되어 기대 서비스가 결정된다. 이에 대응하여 인식 서비스는 제공받은 서비스의 내용, 즉 사실이 추론이라는 과정을 거쳐 인식된 결과를 의미한다.

인식된 서비스가 기대 서비스에 못 미칠 때, 달리 표현해서 서비스 갭이 부정적인 쪽으로 커지면 고객은 제공된 서비스에 만족하지 않게 되며, 그 폭이 커지면 서비스의 실패(service failure)가 된다. 반대로 서비스 갭의 값이 긍정적인 방향으로 커진다면, 즉 고객이 기대한 것 이상을 훨씬 뛰어넘는 서비스를 인식하게 된다면, 서비스의 제공에 사용된 자원의 효율성에 대하여 의문이 제기될 것이다. 이론적으로는 서비스 갭이 영(zero)으로 만들어지는 것이 가장 바람직할 것이다. 기업 자원의 효율적 사용과 고객만족(customer satisfaction)이라는 두 마리 토끼를 함께 잡았다고 해석할 수도 있기 때문이다.

앞에서 설명했듯이 기대 서비스의 크기에 따라 서비스 갭의 크기가 많이 영향을 받는다. 거래가 지속되면서 고객 서비스에 대한 기대는 조금씩이라도 증가하는 것이 일반적이며, 결코 줄어들지는 않는다. 그래서 기대 수준의 관리 또한 서비스에서는 매우 중요하다. 특히 비이성적이고 비상식적인 기대 수준은 정확한 설명, 설득, 그리고 협상을 통하여 고객의 기대 수준을 수정해주어야 한다. 그렇지 않으면 그 고객은 계속 불만 상태에 있을 것이고, 결국에는 거래를 중단할 것이기 때문이다.

고객의 기대 수준을 관리하는 방법으로 고객과의 적극적인 정보 공유를 이용할 수 있다. 가능한 여러 경로를 통하여 기존 고객과 가망고객 모두에게 기업이 판매하는 상품과 관련 서비스, 그리고 필요한 업무 처리 절차 등을 공유하는 것이다. 기업의 입장에서는 고객에 대한 교육이라는 용어를 사용할 수도 있지만, 어쨌든 고객은 필요한 정보를 전달받는 것이다. 어떤 방법을 이용하든 고객이 상품과 서비스에 대하여 충분한 정보를 가지고 잘 이해한다면, 서비스 기대 수준은 자연스럽게 조정될 것이다. 그러면 정상적인 기대 서비스가 가능할 것이고 따라서 서비스 갭은 줄어들 것이다.

상품과 서비스에 대한 정보를 전달하는 방법으로 홈페이지, 뉴스레터(newsletter), 광고 등을 활용한다. 특히 요즘은 인터넷이 발달하고 대부분의 고객들이 이메일(email)을 사용하므로 이메일을 활용한 웹진(webzin)과 뉴스레터는 적은 비용으로 필요한 정보를 지속적으로 전달할 수 있어 많이 이용되고 있다.

고객의 기대 수준은 관리해야 할 주제이지만, 서비스에 대한 고객의 긍정적 기대(positive expectation)는 전혀 다른 주제이다. 어떤 경우에도 고객이 서비스에 대하여 긍정적 기대를 가질 수 있도록 다양한 노력을 하여야 한다. 쾌적한 서비스 공간, 서비스 직원의 전문적인 응대 등은 서비스를 제공받는 고객에게 처음부터 긍정적인 기대를 전달한다. 현장에서의 경험을 정리하면, 긍정적인 기대로 출발한 경우에는 고객의 서비스에 대한 인식 또한 긍정적으로 마무리될 확률이 훨씬 높다. 고객의 기대 수준을 관리하는 것 못지않게 중요한 것이 서비스를 받는 고객이 긍정적인 기대를 가질 수 있는 서비스 환경을 만들어주는 것이다.

첫인상이 중요하고, 첫 단추가 바르게 채워져야 그 다음 일이 순조로워지는 것은 세상을 살아가는 이치인 것이다.

고객을 아는 지름길, 고객 서비스 조사

고객 서비스 조사(customer service research)는 서비스 제공자가 서비스의 수준 및 관련된 문제점들을 알아보기 위하여 고객을 대상으로 행하는 일련의 조사 행위를 말한다. 즉 제공받은 서비스에 대하여 고객이 어떻게 느끼고 어떻게 생각하는지를 알아보는 것이다.

어떠한 조사든 조사를 진행하는 내용에 따라 정성적 조사(qualitative research)와 정량적 조사(quantitative research)로 구분한다.

정성적 조사는 특정한 주제에 대하여 조사 대상자들의 의견, 행동, 태도 등을 알아보기 위하여 사용된다. 탐색적 조사라고도 불리며, 직접적으로 결론을 찾기보다는 현재의 상황을 조사하고 다음 조사를 위한 방향성을 제시하기 위해 많이 이용된다. 실무적으로 포크스 그룹 인터뷰(focus group interview), 패널 토의(advisory panel), 심층 인터뷰(in-depth interview), 불만 모니터링(complaint monitoring) 등을 많이 활용하고 있다.

포커스 그룹 인터뷰는 대체로 10명 미만의 인원을 대상으로 특정의 주제에 대하여 의견을 교환하는 방식인데, 주로 전문가인 사회자가 토론을 이끌어간다. 신상품 개발 방향, 서비스 제도의 변경과 같이 특정한 주제에 대하여 고객의 입장에서 다양한 의견들을 제시하는 것이다. 일반적으로 포커스 그룹 인터뷰는 사전에 참석자에게 동의를 구하고 녹화 혹은 녹음을 한 후 사내 전문가들과 그 내용을 공유한다. 이러한 과정을 통하여 발견되거나 제시된 내용을 신상품이나 새로운 서비스에 보완하거나 새롭게 적용하는 방식을 취한다.

패널 토의는 특정 분야나 주제에 대하여 정기적으로 만나서 정보를 교환하고 의논하는 상설 조직으로 주로 운영된다. 자문위원이라고 불리는 패널은 고객, 영업 사원, 내부 직원, 해당 분야의 전문가, 그리고 다른 이해관계자들로 구성하는 것이 바람직하다. 회사는 패널들에게 지속적으로 관련 정보와 뉴스를 제공히고, 패널들은 본인의 전문성과 경험을 추가하여 정성적인 정보를 기업에 제공하는 것이다.

심층 인터뷰는 주로 B2B 서비스에서 많이 사용하는 방식으로, 기업 고객의 담당자와 심도 있고 보다 상세한 내용의 정보 교환을 가능하게 한다. 일반적인 서비스 내용보다는 기술적이거나 복잡한 서비스에 대하여 조사가 필요할 때 사용하는 방법이다.

불만 모니터링은 불만을 제기한 고객을 별도로 접촉하여 고객들이 가지고 있는 불만 내용을 자세히 청취하여 서비스 갭을 정확하게 파악하는 것이 목적이다. 불만 모니터링을 잘 활용하면 서비스 프로세스의 개선에 도움이 될 수 있는 정보를 다양하게 얻을 수 있다. 그리고 이러한 불만 모니터링 프로세스를 통하여 해당 고객의 불만 요소를 실제적으로 해결하고 서비스 실패를 회복하는 계기로 이용할 수 있어, 불만고객을 오히려 충성고객으로 전환시킬 수 있는 기회로 활용할 수 있다.

정량적 조사는 일반적으로 설문조사를 통하여 고객들의 서비스에 대한 생각을 계량적으로 확보하는 것이다. 설문조사는 대부분 리커트 점수를 이용하여 '매우 만족, 만족, 보통, 불만, 매우 불만'과 같이 5점 척도를 주로 이용하는데, 상황에 따라 3점 척도 혹은 7점 척도를 사용하기도 한다. 정량적 조사는 표본의 선정과 설문 내용의 구성이 매우 중요하므로, 적합한 조사 대상을 선정하고 변별력 있는 설문 내용이 구성되어야 유의미한 결과를 얻을 수 있다. 조사를 수행하는 방법에는 설문조사 참여자를 직접 만나서 조사하는 대면조사(personal interview) 방법, 우편이나 이메일을 이용한 서면조사(written survey) 방법, 그리고 전화로 설문하고 답변을 기록하는 전화조사(telephone survey) 방법이 있다. 최근에는 카카오톡이나 페이스북과 같은 SNS를 통하여 설문조사를 하는 방법도 증가하고 있는 추세이다. 정량적으로 조사된 내용은 통계적인 방법론을 활용하여 결과를 도출하는데, SPSS나 AMOS와 같은 통계 소프트웨어를 활용하면 더욱 의미 있는 분석을 할 수 있다.

기존 고객을 대상으로 하는 고객 서비스 설문조사를 통하여 기업은 자사의 서비스에 대하여 고객이 만족하는지, 재구매(repurchase)할 의향은 있는지, 그리고 주위 사람들에게 당해 기업이나 상품을 추천(referral)하려고 하는지 등을 파악할 수 있다. 고객 서비스 조사는 정기적으로 시행하면 더욱 효과적이다. 정기적으로 고객 서비스 조사를 하면 고객의 기대와 인식이 일정 기간별로 어떻게 변화하는지를 알 수 있다. 그리고 조사된 내용을 분석하여 서비스 전략 수립의 기초로 활용할 수 있으며, 서비스 환경과 서비스 프로세스의 개선 과정에서 고객의 생각을 반영할 수 있다.

고객의
유형

기업별로 고객을 분류하는 방법은 모두 다르다. 일반적으로 거래의 가능성, 거래 실현, 충성도, 불만족도, 거래 단절 등을 기준으로 잠재고객, 가망고객, 유지고객, 충성고객, 불만고객 등으로 다양하게 분류하고 있다. 이와는 달리 CRM을 담당하는 부서에서는 고객의 중요성 혹은 고객으로부터 창출하는 가치의 크기에 따라 일반 고객, VIP 고객, VVIP 고객 등과 같이 등급을 부여하여 관리하기도 한다. 장기적인 서비스가 필요한 상품의 경우 최초로 고객화한 영업 사원 혹은 서비스 직원의 퇴사로 고객과의 접점이 사라진 경우를 고아고객(orphan customer)이라고 부르며, 고아고객에 대한 관리를 CRM 프로세스 중의 하나로 중요하게 관리하고 있다. 이처럼 고객은 현상과 가치에 따라 다양하게 분류되며 기업은 각기 다른 방식으로 접근하고 또 관리하고 있다.

고객의 유형을 분류하는 재미있는 접근 방법으로 토머스 존스(Thomas O. Jones)와 얼 새서 주니어(W. Earl Sasser, Jr.)가 정리한 분류를 소개한다.* 그들은 고객의 만족도와 충성도를 중심으로 4개의 그룹으로 설명한다. 충신(loyalist)과 사도(apostle) 그룹, 도망자(defector)와 테러리스트(terrorist) 그룹, 용병(mercenary) 그룹, 그리고 마지막으로 인질(hostage) 그룹이다. 고객 그룹의 이름에서 이미 어느 정도 눈치를 챘을지도 모르겠지만, 이 이름들은 그 집단의 행동 양식을 설명하고 있다.

충신(loyalist)은 회사가 제공하는 서비스에 매우 만족하는 집단으로, 언제나 그 회사와 다시 거래할 준비가 되어 있어 회사의 입장에서 보면 그 기반(bedrock)과도 같은 집단이다. 이러한 충성고객, 즉 충신들 중에서도 더욱 만족하고 있는 집단이 있다면 그들을 사도(apostle)라고 부를 수 있다. 예수님의 제자를 사도라고 부르는데 고객 그룹의 이름에서 익히 그 충성도를 짐작할 만하다. 사도와 같은 고객으로 만드는 데에는 뛰어난 서비스가 큰 역할을 하지만, 종종 실패한 서비스(service failure)를 복구하는 과정에서 많은 감동을 주어 결국에는 사도와 같은 고객으로 만들어갈 수도 있다.

---

* Jones, Thomas O. and Sasser, Jr., W. Earl (1995), Why Satisfied Customers Defect, HBR, Nov.-Dec., 88-99.

이와는 반대로 회사의 서비스에 불만족하여 회사를 떠나는 고객을 도망자(defector)라고 부른다. 서비스의 불만족으로 떠나는 고객도 있겠지만, 만족하고 있는 기존 고객에게 추가로 제공한 서비스에서 실패를 하고 이어서 이를 복구하는 데 실패하여 발생하는 경우도 많다. 물론 도망자 그룹의 고객을 모두 유지해야만 한다는 이야기는 아니다. 회사가 제공하는 상품이나 서비스와 잘 맞아떨어지지 않는 고객들도 있다. 경우에 따라서는 비정상적으로 과도한 서비스를 요구하는 고객은 도망자가 되는 것이 오히려 회사에 유리할 수도 있다. 이처럼 적합하지 않은 고객을 의도적으로 떠나도록 혹은 구매하지 않도록 유도하는 전략을 디마케팅(demarketing)이라는 용어로 표현하기도 한다. 표시 나지 않게 부적합한 고객을 방출시킨다고 하면 적절한 표현이 될지 모르겠다. 그런데 도망자 중에서 회사에게 가장 위험한 집단이 테러리스트(terrorist)이다. 쉬운 말로 도시락을 싸들고 다니면서 회사를 욕하는 집단이다. 더욱이 이들은 나쁜 내용을 전달하는 방법이나 논리에 있어 사도(apostle)들이 좋은 이야기를 전달하는 것보다 한 수 위인 경우가 많다. 현장의 경험에 의하면 테러리스트들은 원천 서비스의 불만족에서 기인되기보다는 서비스를 전달하는 과정이나 혹은 불만을 표시했을 때 회사가 대응하는 방법에 화가 난 경우에 만들어지기 쉽다.

다음은 용병(mercenary) 그룹이다. 이들은 회사를 힘들게 하는 또 다른 고객 그룹이다. 이들은 회사의 서비스에 충분히 만족하지만 반대로 충성도는 바닥 수준이다. 이러한 고객을 확보할 때 회사는 많은 비용을 지불하기도 하지만 의외로 쉽게 사라져버린다. 이들은 철저히 계산적인 고객 그룹으로 조금이라도 더 나은 조건의 상품이나 기업을 발견하게 되면 언제라도 이동하는 철새 그룹이다.

마지막 고객 그룹은 인질(hostage) 그룹이다. 회사의 서비스에 대하여 불만족하고 있지만, 떠나지를 못하는 고객들이다. 그 이유는 기업이 시장에서 독점권을 향유할 때 발생한다. 하지만 시장은 변하고 독점 상황은 언젠가 경쟁 상태로 바뀔 수 있다. 이처럼 시장 환경이 변하면 인질 그룹의 고객은 즉시 도망자가 될 것이며, 일부는 테러리스트가 되어 그 기업을 혹독하게 괴롭힐 수도 있다.

존스(Jones)와 새서(Sasser)의 고객 분류를 접하면서 많은 생각을 하게 된다. 이 네 가지 분류 방법은 고객뿐만 아니라 기업의 구성원에게도 적용할 수 있을 것 같다. 서비스를 제공하는 직원 그룹은 모두 충신(loyalist)이나 사도(apostle)와 같은 직원이기를 기대한다. '고객만족거울(customer satisfaction mirror)' 이론에 따르면, 서비스를 제공하는 직원과 서비스를 제공받는 고객은 서로 같은 모습으로 닮아가기 때문이다.

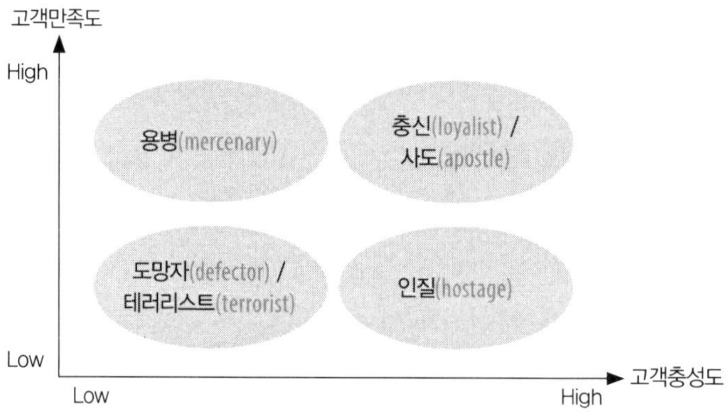

〈그림 2-1〉 고객만족도/충성도와 고객의 유형

고객의 행동유형을 알고
응대하라

서비스 직원은 매일 수십 명의 사람들을 만나고 그들의 질문에 답하거나 문제 해결에 도움을 주는 서비스를 제공한다. 백인백색(百人百色)이라는 말이 있듯이 사람은 각자 독특한 개성과 나름의 스타일을 가지고 있다. 그런데 더욱 복잡한 것은 사람들은 각기 고유한 개성을 갖고 있을 뿐만 아니라, 상황과 환경에 따라 다른 개성을 표출하기도 한다는 것이다.

이처럼 다양한 개성을 만나는 서비스 직원이, 고객의 행동유형을 조금이라도 파악할 수 있다면 좀 더 효과적이며 효율적으로 고객의 욕구(needs)를 만족시킬 수 있을 것이다. 그런 면에서 고객의 행동유형(behavior patterns)을 어느 정도라도 이해하는 것은 서비스의 제공자에게는 중요한 일이다.

교류분석 혹은 거래분석이라고 불리는 transactional analysis는 미국의 정신의학자 에릭 번(Eric Berne)이 개발한 행동유형 분석 방법으로 상담과 심리치료의 이론이다.* 사람은 어떤 상황에서 부모(parent), 성인(adult) 그리고 아동(child)의 세 가지 행동유형 중 하나를 나타낸다고 설명한다. 행동유형을 자아 상태(ego state)라고도 이해해도 무방할 것이다. 인간의 성격과 상호작용을, 즐기고 느끼는 아동(child), 생각하고 교육받고 결정하는 성인(adult), 선택과 행동에 대해 책임지고 자신과

---

* Berne, E. (2009), Transactional Analysis in Psychotherapy, Snowball publishing.

타인을 돌봐주는 부모(parent)로 분류하여 분석하고 있다. 원래 교류분석은 정신분석, 행동치료, 가족치료 등에서 많이 이용하고 있다.

부모 자아(P)는 자신이 부모와 같은 태도로 다른 사람을 대하는 행동유형이다. 즉 자신은 모든 것을 알고 있으며 그래서 다른 이들에게 그들이 무엇을 해야 할지를 알려주고 싶어 하는 태도이다. 성인 자아(A)는 객관적으로 자료를 분석하고 그 분석을 토대로 의사 결정을 내리는 행동유형이며, 아동 자아(C)는 불만이 있는 어린이가 계속 불평하듯이 타인을 대하는 행동유형이다.

교류하는 두 사람이 모두 성인의 행동유형을 가지고 있으면 커뮤니케이션 문제가 일어날 가능성이 매우 낮다. 두 사람은 모두 성숙한 자세로 업무 중심으로 대화를 나누고 문제를 해결할 가능성이 높기 때문이다.

이와는 달리 고객은 부모 행동유형이고 서비스 직원은 성인 행동유형이라면, 부모 행동유형인 고객은 서비스 직원을 마치 어린아이를 대하듯 얕보는 투로 이야기할 것이다. 이런 상황에서 서비스 직원이 일관되게 성인 행동유형 스타일로 상담을 유지한다면 충돌이 일어날 가능성이 높다. 우리의 일상에서 부모와 성인 자녀가 말다툼을 하는 모습을 상상해보면 비슷한 느낌을 찾을 수 있을 것이다. 만약 서비스 직원이 고객의 행동유형에 대한 이해를 어느 정도 하고 있었다면, 성인 행동유형 스타일로 계속 상담을 할 것이 아니라, 부모 행동유형을 가진 고객이 성인 행동유형으로 전환될 수 있도록 커뮤니케이션을 변화시키는 노력을 할 것이다. 그래서 완전하지는 않지만 고객이 성인 행동유형으로 전환되면 그때부터는 성인 행동유형 대 성인 행동유형의 교류, 즉 모두 성인 자아의 행동유형으로 소통을 하게 되어 성숙한 자세로 업무 중심으로 문제를 풀어나갈 수 있을 것이다.

다른 예로 고객이 아동 행동유형에 가깝다면, 아이들이 칭얼대듯이 불평부터 시작할 수도 있을 것이다. 이 경우에도 마찬가지로 아동 행동유형인 고객의 불평 요소를 해결하면서 고객이 성인 행동유형으로 전환되도록 도와주는 것부터 시작해야 할 것이다. 이러한 문제가 해결되면 고객은 본래의 문제 해결을 위해 성인 행동유형으로 돌아올 수 있는 것이다.

서비스 직원은 본래 본인의 행동유형이 성인 행동유형이면 더욱 좋겠지만, 그렇지 않더라도 교육과 훈련을 통하여 성인 행동유형으로 전환하여야 한다. 적어도 고객에게 서비스를 제공하는 그 순간만큼은 반드시 성인 행동유형이 되어야 한다.

리더십 분야에서는 MBTI(Myers-Briggs Type Indicator)나 DISK 유형검사를 이용하여 개인의 행동유형을 파악한다. 이와 유사하게 서비스 실무에서는 고객의 유형을 소극적(passive), 공격적(aggressive), 적극적(assertive) 유형의 세 가지로 구분하기도 한다.

소극적인 유형은 개인적으로 다른 사람의 행동에 영향을 미치려 하지 않는다. 일반적으로 소극적 유형의 사람은 자기의 감정을 드러내거나 어떤 문제에 대하여 자신의 입장을 밝히는 것을 좋아하지 않는다. 즉 소극적인 유형의 고객은 본인이 원하는 것을 적극적으로 표현하지 않는다. 이런 유형의 고객을 응대할 경우에는 서비스 직원은 고객의 정확한 욕구를 파악하기 위하여 다양한 질문으로 고객의 본심을 끄집어내는 노력을 하는 것이 좋다. 소극적인 유형의 고객은 서비스 직원이 우호적이고 본인에게 관심을 가진다는 느낌을 가진 후부터 편안하게 이야기하는 경향이 있다. 소극적인 유형의 고객은 불편하거나 불만스러워도 적극적으로 표현하지 않는다. 오히려 조용히 기존의 거래를 끊어버리고 다른 경쟁사로 이동한다. 그러면서 주위의 지인들에게도 다른 기업으로 옮길 것을 은근히 권하는 방식으로 불만족한 기업을 표나지 않게 혼내는 방식을 취한다.

공격적인 유형은 다른 사람의 감정을 배려하지 않고 상대를 몰아세우는 스타일이다. 공격적인 유형은 감정적이고, 자기 중심적이며, 비판적이며, 난폭한 것이 일반적이다. 고함 지르고 욕하고 삿대질하는 것이 공격적 유형의 전형적인 모습이다. 서비스 그 자체 때문에 화가 났을 수도 있고 다른 일 때문에 생긴 불만을 표출할 수도 있다. 이러한 고객은 서비스 직원이 그 기업을 대표하는 사람이므로 서비스 직원을 상대로 화를 내고 공격을 하는 것이다. 이런 유형의 사람들은 바로 사장을 만나겠다든지 담당 임원과 이야기하겠다고 서비스 직원을 윽박지르기도 한다. 이런 경우 서비스 직원은 업무를 진행하는 것보다 우선 고객의 상한 감정을 먼저 해결하도록 노력하여야 할 것이다. 고객이 마음속에 있는 불만을 표출하도록 보이지 않게 오히려 도와줄 필요가 있다. 그리고 고객의 상황에 공감을 표시하면서 고객의 이야기를 듣고 고객의 편에서 야기된 문제를 해결해 보겠다는 메시지를 전달하는 것도 하나의 방법이다. 하지만 그럼에도 불구하고 공격적인 태도가 지속되고 모욕을 주는 상황으로까지 이어진다면 이러한 행동을 중단시키는 방법을 강구하여야 할 것이다.

　적극적인 유형은 서구 사회에서는 이상적인 유형으로 이해하지만, 유교나 불교 문화권에서는 경우에 따라 공격적 유형으로 비추어질 수도 있다. 적극적인 사람은 건설적인 방향으로 문제를 해결하려고 하고, 공격적인 사람은 문제의 해결보다는 싸워서 이기려는 것에 더욱 집중한다. 적극적인 유형은 자신의 입장을 명확하고 확실하게 밝히는 유형이다. 정중하고 적절한 태도를 유지하면서 자신의 입장에 대하여 논리적이고 객관적인 이유를 제시한다. 그리고 스스로 공정하다고 생각하는 제안을 제시한다.

　앞에서도 설명했듯이 고객의 행동은 단일 행동유형만으로 나타나는 것은 아니다. 수동적이면서도 공격적인 유형의 경우도 있다. 마음속으로는 공격적인 감정을 느끼지만 행동으로 공격성을 나타내는 것은 두려워하는 형태이다. 골프장에서 18홀 내내 캐디의 서비스에 불만이 있었음에도 직접 표현하지 못하고 있다가, 라운딩을 마치고 캐디의 서비스 평가표를 작성할 때 최악의 점수를 주거나, 익명으로 골프장 홈페이지에 비방하는 내용을 올리는 등의 행동을 하는 유형이다. 만약 서비스 직원이 고객의 수동적인 행동 이면에 뭔가 불편한 감정이 숨어 있다는 것을 느낀다면, 그 불편한 감정을 끄집어내도록 도와주고 그에 따른 해결 방안을 찾아서 앙금을 없애주어야 할 것이다.

　사람은 모두 다양한 행동유형을 가지고 있다. 그리고 상황에 따라 행동유형들이 '독립적으로 혹은 복합적으로' 나타날 수도 있다. 독립적보다는 복합적으로 나타난다는 것이 더 정확할 것이다. 그렇더라도 행동의 유형을 이해하고 그 유형에 맞는 대응 방법을 미리 준비하고 훈련한다면 훨씬 효과적이고 효율적인 서비스를 제공할 수 있을 것이다.

화난 고객을 상대하는 방법

　대부분의 서비스 직원들은 화를 내는 고객과 상담하는 것이 가장 어려운 일이라고 생각한다. 하지만 적극적으로 표현하지 않는 고객, 즉 화를 내지 않는 고객에게 서비스를 제공하기가 더 어려운 경우를 많이 경험하게 된다.

　화를 내는 고객은 어떤 형태로든 화를 내는 그 시점에 문제를 해결하기를 원한다. 반면에 화를 내지 않고 다른 방법으로 문제를 해결하려는 고객은 뚜렷한 해결점을 찾기가 어려워 상대하기가 더욱 힘들 수 있다.

　화를 내는 고객은 오해가 풀리거나 원하는 서비스가 제공되어 문제가 잘 해결된 경우에는 오히려 충성고객으로 전환되는 경우가 많다는 것을 연구의 결과나 현장 경험을 통하여 알 수 있다.

　고객은 왜 화를 내는가? 상품이나 서비스 자체에 대한 불만 때문에 화를 낼 수도 있지만, 서비스가 제공되는 과정(process)이나 서비스 직원의 태도 때문에 화를 내는 경우도 많다. 심지어 상품이나 서비스 프로세스와 전혀 관계없이 개인적인 이유로 화를 내는 일도 현장에서는 자주 관찰된다. 화를 내는 이유가 어디에서 기인되었든지 서비스를 제공하는 직원은 다음의 네 가지 단계를 이해하고 서비스를 제공한다면 화가 난 고객을 충성고객으로 만들 수 있는 기회를 가지는 것이다.

1단계: 고객의 감정 상태를 인식한다.

2단계: 고객의 감정 상태에 공감하고 진심으로 사과한다.

3단계: 사실관계를 정확하게 파악한다.

4단계: 적절한 해결책을 찾아서 문제를 해결한다.

근래에 서비스를 담당하는 직원을 '감정노동자'라고 표현하며, 고객과의 관계에서 오는 서비스 직원의 스트레스와 소진(burn-out)에 대하여 사회적으로 많은 관심을 기울이고 있다.

서비스 직원이 화를 내는 고객을 응대할 경우, 제일 먼저 생각하여야 할 것이 고객은 지금 나(서비스 직원)에게 화를 내는 것이 아니라는 것이다. 고객은 상품, 서비스, 혹은 프로세스 등에 대하여 화를 내는 것이고, 서비스 직원을 콘택트 포인트로 이용하고 있다는 것을 인식해야 한다.

가끔은 상품이나 관련 서비스와 전혀 상관없이 개인적인 문제로 화를 내는 고객도 있다. 서비스 전문가로서 화를 내는 고객을 만났을 때는 우선 고객이 화를 내는 상황을 이해해주고 관련된 불편한 문제를 해결해주는 사람이 되어야 한다. 서비스 직원이 스스로 이러한 자세를 취한다면 자존감을 상실하거나 감정적 혹은 신체적으로 소진될 확률은 매우 줄어들 것이다. 서비스 직원이 자존감을 유지하고 소진되지 않아야 고객 또한 더 좋은 서비스를 받을 수 있는 것이다.

고객을 위한
깜짝선물을 준비하라

몹시도 더웠던 어느 날, 주일미사 시간에 맛본 산뜻한 경험이다. 무척이나 더운 여름날이었고, 늘 그랬던 것처럼 11시 교중(敎中) 미사 시간에 참석하였다. 성당 안에는 에어컨과 선풍기가 돌아가고 있었지만 그래도 덥다는 소리가 저절로 나오는 그런 여름날의 미사 시간이었다.

주임 신부님이 미사를 집전하시면서 강론을 하는 타이밍에 옛날 이야기를 먼저 끄집어내셨다. 냉방 시설이 제대로 갖추어지지 않았던 오래전의 성당에서는 무더위가 기승을 부리면 미사 시간에 강론을 생략하였다고 하셨다. 그러고는 그날도 너무 더우니 강론을 생략하기는 좀 그렇고 아주 간단하게 줄여서 하겠다고 하셨고, 봉헌 예절(헌금)도 신자들이 제대(祭臺) 앞으로 나와서 봉헌함에 헌금하는 대신 헌금 바구니를 돌리는 것으로 변화를 주셨다. 신자들, 특히 연로하신 할머니 할아버지 신자들을 배려한 조치였다. 이러한 신부님의 모습을 보면서 서비스와 운영 업무를 총괄하는 COO의 역할을 처음 맡았을 때, 직원들과 함께 만들었던 본부의 사명문(mission statement)이 떠올랐다.

"Pleasant Surprise to Your Customer!"

'고객을 위하여 즐겁고 신나는 서프라이즈를 만들어보자'는 의미로, 우리 조직의 다짐이었다. 모든 직원들의 책상에는 이 슬로건이 인쇄된 종이가 부착되었고, 언제라도 그것을 보면서 일할 수 있도록 하였다. 꼭 그 미션 스테이트먼트 때문만은 아니었지만 직원들은 항상 이 문구를 생각하면서 일하였고, 그로 인해 많은 성과를 얻을 수 있었다. 특히 서비스를 담당하는 직원들에게는 매뉴얼에 없는 순간순간의 아이디어로 고객을 기쁘고 즐겁게 만드는 것이 일상이 되었다. 재미있는 사실은 그 당시에 저자는 '고객만족거울(customer satisfaction mirror)'에 대해서는 전혀 아는 바가 없었지만, 고객이 즐거우면 서비스 직원도 즐거워하고, 고객이 만족하면 서비스를 제공했던 직원도 자신의 일에 대해 매우 만족해하고 자부심을 느낀다는 것을 발견하였다. 훗날 이것이 벤저민 슈나이더(Benjamin Schneider)와 데이비드 보엔(David Bowen)이 설명했던 '고객만족거울'의 이론과 정확히 일치한다는 것을 알게 되었다. '고객만족거울'이란 은행 조직을 연구하면서 발견한 내용으로 고객의 만족 수준과 직원의 만족 수준 사이에는 상당히 밀접한 연관이 있다는 것이다. 즉, 고객이 만족하면 그 고객에게 서비스를 제공한 직원도 만족하게 되고, 거꾸로 직원이 만족하면 그 직원으로부터 서비스를 제공받은 고객이 만족할 가능성이 더욱 높다는 것이다. 이러한 내용이 1985년에 이미 논의되고 있었는데 그러한 내용에 대하여 무지하였던 저자는 현장에서 직접 업무를 수행하던 2000년에 이러한 현상을 알게 되었고, 그로부터 무려 10년을 더 지나서 2011년에 박사과정에서 서비스에 대한 연구를 진행하면서 그 현상이 바로 '고객만족거울'이라는 것을 알게 된 것이다. 이론을 먼저 알고 현장을 경험하는 것도 좋은 방법이지만, 현장에서의 경험을 통하여 중요한 내용을 깨우치고 그것이 앞선 연구자의 이론과 모델에 이미 존재하고 있다는 것을 알아내는 것도 저자에게는 매우 재미있는 공부 방법이 되었다.

COO로서 처음 만들었던 미션 스테이트먼트와 실무를 통해 스스로 알게 된 '고객만족거울'은 평생 잊지 못할 소중한 경험이고 기억으로 남아 있다.

03

탁월한 서비스를 위한
커뮤니케이션 기술

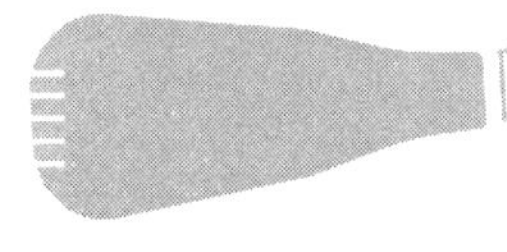

커뮤니케이션의 정석은
읽기, 듣기, 말하기, 쓰기

좋은 서비스를 제공하기 위해서는 서비스를 제공하는 기업 차원의 준비와 고객과 접점에서 만나는 서비스 직원 개인 차원의 준비가 필요하다고 앞에서 이야기하였다.

서비스 직원 개인 차원의 준비는 판매 상품 및 관련 업무에 대한 지식과 고객을 응대하는 대인관계 역량이 우선적으로 요구된다. 대인관계 역량이란 사람을 만나고 소통하는 기술 혹은 능력을 말한다. 대인관계를 원활하게 하기 위하여 여러 가지 준비해야 할 내용이 있겠지만, 그중 가장 중요한 것이 커뮤니케이션 역량이다. 효과적인 커뮤니케이션만으로 좋은 품질의 서비스가 제공된다고 할 수는 없지만, 효과적인 커뮤니케이션 없이는 결코 제대로 된 서비스를 전달할 수 없다. 서비스 분야만이 아니라 조직 생활에서도 커뮤니케이션보다 더 중요한 것은 없을 것이다. 35년 이상 조직 구조 속에서 일하면서 경험하고 배운 것은 조직에서 발생하는 대부분의 문제는 커뮤니케이션이 크게 한몫을 차지한다는 것이다. 그리고 그 문제를 해결하는 데에도 역시 커뮤니케이션이 중요한 역할을 한다는 것이다.

커뮤니케이션을 한 번에 정의하여 서비스 직원에게 이해시키기는 쉽지 않다. 더욱이 그 중요성은 몸소 겪어보고 고통을 받아본 경험이 없으면 매우 추상적일 수밖에 없다. 최근에는 한자어로 '소통(疏通)'이라는 용어를 많이 사용하고 있다. 커뮤니케이션이라는 단어가 주는 뉘앙스와 소통이 주는 뉘앙스가 조금은 달리 느껴지는데, 별반 다른 대안이 없어 저자도 소통이라는 단어를 종종 사용한다.

커뮤니케이션은 정보와 이해의 전달 과정이다. 그리고 그와 관련된 상호작용이다. 무슨 말인지 알 것 같은데 그래도 이해하기엔 조금 어려운 설명이다. 좀 더 쉽게 설명하면, 어떤 내용을 전달하는 나 자신이 아무리 커뮤니케이션을 잘했다고 생각하여도 그것은 의미가 없다는 것이다. 받아들이는 상대방이 제대로 이해하고 정보를 받았는지가 관건이다. 그래서 커뮤니케이션의 성공 여부는 전달자인 내가 결정하는 것이 아니라 수신하는 상대방이 결정하는 것이다.

커뮤니케이션에 관련되는 요소들을 조금 더 세분화하여 살펴보면 발신자(sender), 수신자(receiver), 전달 내용(message), 커뮤니케이션 채널(communication channel), 방해 요인(noise), 피드백(feedback) 등으로 구성된다.

메시지를 보내는 사람이 발신자이고 그 메시지를 받는 사람이 수신자이다. 커뮤니케이션 채널은 메시지를 보내고 받아들이는 수단, 즉 매체를 말한다. 대화, 전화, 문서, 팩스, 인터넷, 이메일, 문자 메시지, 수신호 등이 우리가 주로 사용하는 커뮤니케이션 채널이다. 그리고 커뮤니케이션을 방해하는 모든 요소를 방해 요인이라고 한다. 대화를 어렵게 만드는 주변의 소음만을 방해 요인으로 이해해서는 안 된다. 말하거나 듣는 것을 조금이라도 방해하는 불편한 감정, 부정적인 기대, 강한 사투리, 공상 등도 커뮤니케이션에서는 방해 요인들이다. 피드백은 발신자의 메시지에 반응하여 수신자가 보내는 반응 메시지(return message)이다. 예를 들면 전달받은 메시지에 대하여 질문하기, 공감의 반응으로 이해되는 머리 끄덕이기, 미소 짓기, 하품하기, 인상 쓰기와 같은 소위 말하는 얼굴 표정(facial expression)과 보디랭귀지(body language, 몸짓 언어)가 반응 메시지이다. 수신자는 이러한 피드백, 즉 반응 메시지를 발송하는 순간 새로운 발신자의 입장이 된다.

효과적인 커뮤니케이션에 관한 정보와 자료는 넘치고 있지만, 커뮤니케이션 때문에 많은 문제가 생기고 어려움을 겪고 있는 그러한 시대를 우리는 살고 있다. 커뮤니케이션에 관련된 많은 서적과 강의들이 본질보다 테크닉을 우선하는 것 같아 우려가 된다. 단지 커뮤니케이션에 국한되는 이야기는 아니겠지만, 테크닉을 배우기 전에 주제나 이슈의 본질부터 이해하고 그 다음에 테크닉을 고민하는 것이 순리일 것이다.

읽기, 듣기, 말하기, 쓰기는 커뮤니케이션의 기본이자 핵심이다. 그래서 저자는 이것을 '커뮤니케이션의 정석'이라고 부른다. 달리 표현하면 커뮤니케이션의 A부터 Z라고 말할 수 있다. 제대로 읽고 제대로 듣는 사람이 훌륭한 '수신자'이며, 제대로 말하고 제대로 쓰는 사람이 훌륭한 '발신자'인 것이다. 읽기와 듣기는 정보를 입력(input)하는 활동이다. 반면에 말하기와 쓰기는 정보를 출력(output)하는 활동이다. 발신자가 제대로 출력하고, 수신자가 제대로 입력하면, 그것으로 메시지의 전달은 온전해지는 것이다. 그래서 우리는 초등학교 때부터 읽기, 듣기, 말하기, 쓰기를 그렇게 강조하였나 보다.

커뮤니케이션을 망치는 요소들

우리가 살아가면서 만나는 문제나 골칫거리들은 많은 경우 잘못된 커뮤니케이션에서 비롯되는 것을 알 수 있다. 그런데 아이러니하게도 잘못된 커뮤니케이션으로 만들어진 문제를 해결하는 궁극적인 방법도 결국에는 커뮤니케이션이다. 그래서 커뮤니케이션이 중요하다.

17세기 프랑스의 작가 라 퐁텐(Jean de la Fontaine)은 "모든 길은 로마로 통한다"라고 하였다. 이 문장을 차용하여 오늘날의 경영에서는 "모든 길은 커뮤니케이션으로 통한다"라고 말하고 싶다. 그리고 최근 들어 커뮤니케이션에 대한 주제도 다양하게 발전되면서 영업 성과를 극대화하는 세일즈 커뮤니케이션, 최고의 서비스를 제공하기 위한 서비스 커뮤니케이션과 같이 그 영역이 점점 세분화되어 연구되고 있는 추세이다. 또 주제별 세분화와는 별도로 커뮤니케이션의 대상이 조직의 내부인지 외부인지에 따라 내부 커뮤니케이션과 외부 커뮤니케이션으로 나누어 연구하기도 한다.

많은 학자들과 현장의 관리자들이 어떻게 하면 커뮤니케이션을 잘할 수 있을까를 연구하고 고민하면서 여러 가지 시도를 하고 있다. 기업 현장의 교육에서 자주 활용하는 방법 중의 하나는 그룹 토의를 통하여 '하지 말아야 할 내용'을 찾아내도록 하는 것이다. 언뜻 소극적인 접근 방법처럼 보이지만 의외로 상당한 효과를 얻을 수 있는 방법이다. 그래서 어떻게 하면 커뮤니케이션이 엉망이 되는지를 찾아보고자 한다. 최소한 이렇게만 하지 않으면 커뮤니케이션에서 평균 이상의 수준은 유지할 수 있을 것이다. 실무에서 커뮤니케이션에 대한 모니터링을 한 후 피드백을 주고 코칭을 진행할 때 많이 사용하고 있는 방법이다.

다음은 커뮤니케이션에서 문제를 일으키는 전형적인 사례이다.

① 전달 내용을 복잡하게 만든다.

'The simpler, the better'라는 문장은 우리에게 많은 메시지를 준다. 보고서, 회의, 주례사, 복장, 인테리어 능 많은 부문에서 이 문장은 효력을 발휘한다. 세상이 복잡해질수록 간결함의 힘은 더욱 크게 다가올 것이다. 우리가 전달하고자 하는 메시지도 마찬가지이다. 메시지가 복잡하면 커뮤니케이션은 자연히 어려워진다. 복잡한 메시지는 나누어 전달하고, 복잡한 내용은 적절하게 구분하여 1.○○○ 2.○○○ 3.○○○와 같이 간결하게 재구성하여 전달하는 것이 훨씬 도움이 된다.

② 정확하게 말하지 않고 정확하게 쓰지 않는다.

커뮤니케이션, 특히 비즈니스 커뮤니케이션에서 말하기와 쓰기는 정확성이 첫 번째이다. 수신자에 따라 해석이 달라질 수 있는 애매모호한 표현과 전달자의 전문가적 수준을 과시하기 위한 현학적인 표현은 커뮤니케이션을 망치는 주범이다. 특히 수신자가 메시지의 내용에 대하여 같은 수준의 전문적인 지식을 갖고 있지 않다면 전문용어(jargon)의 사용은 극도로 자제해야 하고 꼭 필요한 경우 추가적인 설명과 함께 전달하여야 한다.

③ 정확하게 듣지 않고 정확하게 읽지 않는다.

수신자의 입장에서는 100% 확신이 안 되면 확인 또 확인하여야 한다. 하나의 사례로, 종합상사에서 무역 거래에 관련된 클레임을 많이 발생시키는 직원은 대체로 영어를 잘하는 직원이라고 한다. 스스로 영어에 자신이 있다고 과신하고 불명확한 문장에 대한 확인을 게을리하기 때문이다. 반대로 영어가 약하다고 생각하는 직원은 조심해서 서류를 읽고, 이해가 안 되면 될 때까지 확인하므로 오히려 클레임에 걸리는 경우가 적다고 한다. 많은 사람들이 상대방이 전달한 내용을 제대로 이해하지 못했을 때 다시 물어보는 것을 꺼려한다. 말귀도 제대로 못 알아듣는다는 소리를 들을까 싶기 때문이다. 커뮤니케이션에서 이러한 자격지심은 금물이다. 모르면 알 때까지 확인하여야 한다.

④ **집중하지 않는다.**

두세 시간 함께 회의를 하고서도 그날의 회의 내용을 제대로 파악하지 못하는 사람들을 종종 발견한다. 집중하지 않기 때문이다. 대화, 회의, 강의 등에서 수신자의 첫 번째 덕목이자 의무는 전달자의 메시지에 대한 집중이다. 수신자가 집중력을 향상시키는 방법의 하나는 전달자의 메시지에서 핵심 단어(key word)를 찾아내어 기록하는 습관이다. 자칫 기록의 중요성을 잘못 이해하여 미주알고주알 처음부터 끝까지 모든 내용을 다 기록하는 사람도 있다. 그런 식의 기록은 오히려 집중을 방해한다. 기록은 그 자체가 목적이 아니라, 기록을 함으로써 메시지의 집중에 도움이 되어야 하는 것이다.

⑤ **문제의 본질과 핵심을 파악하지 못한다.**

문제의 본질과 핵심을 파악하지 못하면 아무리 오랜 시간 대화를 하여도 헛일이다. 우리가 흔히 쓰는 말로 '도로아미타불'이다. 본질과 핵심의 파악이 어려우면 차근차근 질문하면서 본질부터 다시 파악하는 것이 방법이다. 몰라서 묻는 것은 부끄러운 것이 아니다. 그러나 여러 사람이 모여서 진행하는 회의나 강의에서 홀로 너무 많은 질문을 한다면, 그것도 남들은 다 알고 있는 기본적인 내용에 대하여 질문을 계속한다면 그것은 다른 참여자의 집중력에 방해가 된다. 계획된 회의나 강의와 같은 경우에는 미리 배포된 자료를 읽거나 관련 주제에 관한 정보를 확인하고 참여한다면 회의나 강의의 본질과 핵심을 파악하는 데 많은 도움이 될 것이다.

⑥ 상대방의 감정 상태에 관계없이 계속 전달한다.

상대방의 감정이 격할 때에는 커뮤니케이션의 본론으로 들어가면 안 된다. 먼저 상대방과 공감대를 형성할 수 있는 노력을 하여야 한다. 상대방의 감정 상태가 정상으로 돌아오게 하는 것이 우선이다. 라디오의 주파수를 맞추는 작업과 같다고 할 것이다. 주파수가 맞지 않는 라디오에서 쏟아져 나오는 잡음처럼 감정이 불안정한 상태에서는 전달력과 수용력이 모두 떨어질 뿐만 아니라 내용이나 문제의 본질에 도달하기도 어렵다.

⑦ 문화적인 차이를 무시한다.

지금은 글로벌 시대라 다양한 문화적 배경을 가진 사람들이 함께 살고 있다. 같은 국적을 가지고 같은 나라에서 교육받은 사람들도 출신 지역이나 성장 환경 등에 따라 조금씩 다른 문화를 가지고 있다. 역지사지(易地思之), 즉 처지를 바꾸어 상대방의 입장을 이해하려는 태도가 커뮤니케이션에서 문화적 차이를 극복하는 방법이다.

⑧ 사투리를 심하게 사용한다.

우리나라와 같이 작은 나라에서도 지역에 따라 알아듣기 어려울 정도로 심한 사투리가 사용된다. 발신자이든 수신자이든 좋은 커뮤니케이션을 하려면 최대한 표준말을 사용하여야 한다. 억양이나 악센트의 수정이 곤란하다면 최소한 단어만이라도 표준어를 사용하여야 한다. 사투리 때문에 내용을 이해하기 어려우면 솔직하게 이해가 안 됨을 밝히고 상대방에게 질문을 하여야 한다. 단, 상대가 기분 나

쓰지 않도록 양해를 구하면서 하여야 한다.

⑨ 전문용어를 사용한다.

상대방이 이해하지 못하는 전문용어를 사용하면 어떠한 경우라도 그 커뮤니케이션은 실패이다. 전문용어는 내용에 대한 이해를 방해할 뿐만 아니라 상대방의 감정 또한 상하게 만든다. 습관적으로 전문용어를 남발하는 사람들은 주의해야 할 내용이다. 어쩔 수 없이 전문용어를 사용해야 할 경우에는 양해를 구하고 쉬운 설명을 추가하여야 한다. 반복되는 이야기이지만 커뮤니케이션의 성공 여부는 전달자가 판단하는 것이 아니라 전적으로 수신자가 판단하는 것이다.

⑩ 주변에 소음이 많은 곳에서 커뮤니케이션을 한다.

소음이 많은 곳은 기본적으로 메시지의 전달이 힘들다. 메시지의 전달이 힘들게 되면 내용에 대한 이해가 어려울 뿐만 아니라 발신자와 수신자의 감정선이 불편한 쪽으로 움직여가고 결국에는 커뮤니케이션을 더욱 어렵게 만든다.

⑪ 통신 시설의 기능에 문제가 있디.

들렸다 안 들렸다 하는 전화기, 계속 에러 메시지만 나오는 팩스와 같이 통신 시설의 기능에 문제가 있으면 정상적인 커뮤니케이션이 불가능하다. 이럴 때는 다른 수단을 찾아서 해결해야 한다. 아니면 솔직히 사과하고 커뮤니케이션을 다음으로 미루는 것이 차선책이 될 수도 있다.

⑫ 상대방을 기분 나쁘게 하는 단어, 표정, 제스처 등을 사용한다.

본인은 그런 의도가 아니라고 하지만, 상대방은 기분이 나쁘다. 이런 경우는 무조건 나의 잘못이다. 왜냐하면 커뮤니케이션의 성공 여부는 전달자인 내가 결정하는 것이 아니고 수신자인 상대방이 결정하는 것이기 때문이다. 가장 좋은 방법은 거울을 보고 연습하거나 동료와 함께 역할연기(role playing)로 계속 교정해나가는 것이다.

언어 커뮤니케이션을
잘하는 법

일반적으로 커뮤니케이션이라고 하면 서로 대화하는 모습을 연상하게 된다. 대화로 이루어지는 커뮤니케이션을 언어 커뮤니케이션(verbal communication)이라고 한다. 물론 대화 이외에도 이메일, 팩스, SNS 등을 이용한 커뮤니케이션도 언어 커뮤니케이션의 범주에 속한다.

다음은 효과적인 언어 커뮤니케이션을 위한 방법이다.

첫째, 적합한 단어를 선택한다. 단어는 어떠한 상황이나 내용이 사회, 문화, 역사와 같은 다양한 진화 과정을 거치면서 만들어진 상호 간의 약속이다. 만약 단어가 존재하지 않는다면 커뮤니케이션의 시간은 엄청나게 길어지고 그 내용 또한 매우 불명확할 것이다. 그래서 상호 약속된 단어 중에서 그 내용에 맞는 가장 적합한 단어를 선택하는 것이 언어 커뮤니케이션에서 매우 중요하다.

일반적인 상식을 가진 사람들에게 대부분의 단어들은 같은 의미로 이해되지만 조금씩 다른 뉘앙스를 가지거나 아니면 경우에 따라서는 전혀 다른 의미로 사용되는 단어들도 있다. 그래서 커뮤니케이션에 도움이 되어야 할 단어 자체가 오히려 걸림돌이 되기도 한다. 서비스 직원이 메시지의 발신자 역할을 할 때 정확하고 긍정적인 단어를 선택하면 커뮤니케이션을 더욱 효과적으로 만들어 갈 수 있다.

둘째, 긍정적인 문장을 사용한다. 서비스의 목적은 문제를 가지고 접근하는 고객에게 그 문제를 해결할 수 있는 솔루션을 제공하는 것이다. 직접적인 해결이 아니라도 해결안을 찾는 데 도움이 되는 차선책의 솔루션이라도 제공해야 하는 것이다. 이러한 과정을 통하여 기업은 고객을 만족시키고 그 기업의 고객으로 계속 유지시키며, 미래에 재구매(repurchase)와 추천(referral)을 유도하는 것이다. 그러므로 고객에게 긍정적인 느낌을 주는 밝고 긍정적인 단어와 문장을 사용하는 것이 필요하다. 예를 들면 어떤 서류를 받아야만 특정한 서비스를 제공할 수 있는 경우라고 가정할 때, "그 서류가 전달되기 전까지는 해당 서비스의 제공이 불가능합니다"라고 설명하면 부정적인 느낌을 주게 된다. 메시지는 정확하게 전달되었다 하더라도 메시지의 수신자인 고객은 별로 유쾌하지 않을 것이다. 반대로 "그 서류가 도착하는 즉시 곧바로 요청하신 서비스를 제공하겠습니다"라고 이야기한다면, 서류의 도착과 서비스의 제공이 연계되어 있다는 사실은 동일하지만 두 번째 문장은 첫 번째 문장과는 달리 '서비스가 제공된다'는 긍정적인 메시지를 전달하는 것이다.

셋째, 금지 단어(red-flag word)의 사용을 자제한다. 사용해서는 안 되는 단어들을 미리 숙지하고 이를 사용하지 않아야 한다. 불가피하게 사용할 수밖에 없는 경우에는 극도로 조심하면서 신중하게 사용하여야 한다. 예를 들면 종교, 정치, 성차별, 인종차별 등과 관련된 단어들이 그러한 유형의 단어들이다.

넷째, 문법에 맞는 문장을 구사한다. 명확한 커뮤니케이션을 위해서는 구두로 전달하든 이메일로 전달하든 정확한 어휘와 문법이 바탕이 되어야 한다. 특히 이메일처럼 문자로 커뮤니케이션을 할 경우에는 철자법에 오류가 없도록 해야 한다. 철자법과 문법의 오류는 내용을 왜곡시킬 수 있을 뿐만 아니라 서비스 직원 본인과 그 기업의 전문성을 의심받게 한다.

다섯째, 객관적인 해석이 가능한 단어를 사용한다. 발신자와 수신자 간의 오해를 줄이기 위하여 '즉시', '빨리', '나중에'와 같은 주관적 해석이 가능한 단어들은 지양하고 그 대신 '30분 이내로', '15일 오전 중'과 같이 서로 정확하게 이해가 일치할 수 있는 용어를 사용하는 것이 좋다.

여섯째, 일반적인 용어를 사용한다. 기술적이거나 전문적인 용어는 가능한 일반적인 단어로 바꾸어 사용하고, 불가피하게 사용할 경우에는 용어의 의미를 이해하고 있는지 확인하면서, 필요하다면 부연 설명을 하고 사용하는 것이 좋다. 전문용어의 사용은 전달 내용에 오해를 줄 수 있을 뿐만 아니라 수신자인 고객의 입장에서는 불쾌감을 느낄 수도 있으므로 주의해야 한다.

비언어 커뮤니케이션을
잘하는 법

이메일, 문자 메시지, 팩스, 서류 등으로 커뮤니케이션을 할 때에는 비언어적 요소가 거의 사용되지 않는다. 그런데 요즘 이모티콘이라고 해서 모양으로 의미를 전달하는 그림을 이메일이나 SNS 등에서 문자와 같이 사용하기도 하는데, 친구 사이가 아닌 고객과의 커뮤니케이션에서는 사용하지 않을 것을 조언한다.

목소리 톤(tone), 표정, 몸동작(body language), 서비스 공간(space) 등이 비언어 커뮤니케이션(non-verbal communication)의 요소들이다. 대면(face-to-face) 서비스를 제공할 때에 비언어 커뮤니케이션의 중요성은 훨씬 커진다. 비언어적 요소를 통하여 발신자나 수신자의 감정이 상대방에게 쉽게 전달되기 때문이다. 그래서 잘못된 비언어 커뮤니케이션으로 인하여 고객은 존중받지 못한다고 생각할 수도 있고, 상대가 예의 없다고 느낄 수도 있다. 반면, 비언어적 요소를 잘 활용하면 고객에게 훨씬 호감을 줄 수 있다. 서비스 직원 또한 고객이 전달하는 비언어 커뮤니케이션으로부터 고객의 감정과 상태를 읽을 수도 있어, 그 상황에 더욱 적합한 서비스를 고객에게 제공할 수 있다.

발신자의 목소리에는 많은 정보가 담겨 있다. 발신자의 목소리, 음량, 속도, 음색, 말의 멈춤(pause) 등을 통하여 얻은 비언어적 정보는 수신자가 메시지를 재발신할 때 고려해야 할 요소들이다. 그래서 목소리를 준언어(paralanguage)라고도 한다. 발신자가 전달하는 말의 속도, 음의 고저에서 발신자의 심리 상태를 엿볼 수 있다. 일반적으로 사람은 불안하거나 당황하거나 흥분하거나 급하면 말이 빨라지고 목소리는 높아진다.

발신자의 말하는 속도에 맞추어 재발신할 경우 메시지의 전달력이 높아진다. 고객은 느리게 이야기하는데 서비스 직원이 너무 빠르게 말을 한다면 고객은 서비스 직원이 자신을 재촉하고 있다고 느낄 것이고, 반대로 고객은 빠른 속도로 질문하는데 서비스 직원이 너무 느리게 설명한다면 고객은 지루해하거나 조바심을 내게 된다. 하지만 고객이 흥분한 상태로 너무 빠르게 이야기를 한다면 그 속도를 간접적으로 조절해줄 수 있는 방법을 찾는 것이 좋다. 예를 들면 적절한 타이밍을 찾아 발신자에게 질문을 하거나 발신자의 이야기에 맞장구를 치면서 발신자의 전달 속도가 조절되도록 유도하는 것이다.

보디랭귀지라고 많이 표현하는 몸동작 역시 중요한 비언어 커뮤니케이션 중의 하나이다. 시선 맞추기(eye contact), 얼굴 표정(facial expression), 자세(posture), 제스처(gesture, 몸짓) 등도 넓게는 보디랭귀지의 종류로 이해할 수 있다. 특히 얼굴을 맞대고 커뮤니케이션을 할 때 적절한 시선 맞추기는 커뮤니케이션의 효과를 상승시킨다. 발신자는 수신자의 눈을 바라보면서 수신자가 메시지에 관심을 가지고 있는지 그리고 이해를 하는지를 확인하게 된다. 그리고 수신자는 발신자에게 관심과 이해의 정도를 나타내기 위하여 시선 맞추기를 한다. 하지만 시선 맞추기는 문화권에 따라 다르게 이해될 수도 있으므로 유의해야 할 점이다. 어떤 문화권에서는 눈을 똑바로 맞추는 것이 도전적이거나 무례한 행동으로 받아들여질 수도 있기 때문이다. 대부분의 경우 부드럽게 바라보면서 시선 맞추기를 한다면 커뮤니케이션에 긍정적인 효과를 준다. 부드러운 미소를 동반한 자연스러운 눈 맞춤과 팔짱을 끼거나 경직된 모습으로 바라보는 눈 맞춤은 분명히 다르게 전달된다.

얼굴 표정은 행복, 슬픔, 두려움, 분노, 혐오, 놀라움 등 사람이 가지는 기본적 감정을 가장 쉽게 나타낸다. 몸의 자세 역시 많은 감정을 전달한다. 관심을 가지게 되면 사람은 몸을 대개 앞으로 기울이게 되고, 지루하면 뒤로 기울인다. 가슴을 펴고 고개를 든 자세는 자신감을 나타내며, 자신감이 부족하거나 불안을 느낄 때에는 어깨를 구부리고 고개를 숙이게 된다. 재미있는 것은 전화로 통화할 때도 발신자의 자세나 얼굴 표정이 전화선 너머의 수신자에게 느껴진다는 것이다. 즉, 말할 때의 자세와 얼굴 표정이 목소리에도 영향을 주는 것이다.

제스처는 언어로 표현하는 것보다 빨리 특정 내용을 전달하는 상징적인 보디랭귀지이다. 손가락으로 탁자를 두드리거나 다리를 꼬았다 풀었다를 한다면 지루하거나 긴장하고 있다는 무의식적인 표현이다. 제스처는 그 자체로 메시지를 전달하기보다는 언어 커뮤니케이션이나 다른 비언어 커뮤니케이션을 보완하면서 함께 사용된다. 의식적으로 시용히기도 하지만, 대부분 무의식적으로 나타나는 경우가 많다.

커뮤니케이션과
진정성

이해관계자를 만나서 얼굴을 마주하고 소통하는 것이 대면 커뮤니케이션이다. 얼굴을 마주한 상태로 진행하는 커뮤니케이션이므로 비대면 커뮤니케이션보다 쉬울 것 같지만, 여기에는 여러 가지 함정이 있다.

대면 커뮤니케이션은 메시지의 전달이 쉽고 명확할 수 있지만 서로 얼굴을 마주하기 때문에 비언어적 요소들에 의하여 부정적인 영향을 받을 가능성도 있다. 단정할 수는 없지만, 사람은 타인과 대화를 하면서 상대의 진성성을 알아챌 수 있는 어떠한 능력을 가지고 있는 것 같다. 조금 덜 민감한 사람일지라도 대화의 시간이 길어지고 대화의 횟수가 증가될수록 진정성은 더욱 정확하게 인지된다는 것을 많은 케이스를 통하여 경험하였다.

특정한 집단을 대상으로 하는 대면 커뮤니케이션으로 가장 일반화되고 있는 것이 것이 프레젠테이션(presentation)이다. 프레젠테이션의 귀재라고 불리는 애플의 CEO였던 스티브 잡스(Steve Jobs)는 프레젠테이션을 잘하는 방법은 '준비하고, 준비하고, 또 준비하는 것'이라고 하였다. 아주 쉽게, 자연스럽게 프레젠테이션을 하는 것처럼 보이지만 잡스가 얼마나 철저히 준비하고 연습했는지를 알 수 있는 대목이다. 그의 말에서 우리는 성공적인 대면 커뮤니케이션을 위하여 얼마나 철저히 준비하고 연습해야 하는지를 알 수 있다. 고객과의 회의를 준비할 때에는 사전 준비(회의실 확보, 회의 자료의 준비 및 검토, 일정 확인, 고객의 요청 사항 확인 등)를 철저히 함으로써 커뮤니케이션의 효율을 극대화할 수 있다. 뿐만 아니라 준비 그 자체로 상당 부분 고객을 만족시킬 수 있고 또 신뢰를 줄 수 있다. 다른 말로 표현하자면 커뮤니케이션에서 발신자의 진정성을 이미 보여주고 있는 것이다.

대면 커뮤니케이션의 성공과 실패는 첫 번째 만남, 즉 첫인상에 의해 좌우된다고 해도 과언이 아니다. 서비스 직원의 전문가다운 옷차림과 외모는 상대방에게 신뢰감을 주게 되고 더불어 커뮤니케이션을 긍정적으로 이끌 수 있다. 외모와 함께 서비스 직원은 적절한 비즈니스 에티켓을 갖추어야 한다. 기업의 수준은 직원의 수준으로 평가된다. 특히 직원들 중에서도 고객과 접점에서 만나는 서비스 직원의 수준이 곧바로 그 기업의 수준으로 평가되고 인식된다. 앞에서 설명한 '진실의 순간', '마법의 순간'을 한 번 더 복습하기를 바란다.

비대면 커뮤니케이션이란 얼굴을 직접 맞대지 않고 상대방과 소통하는 것을 말한다. 기술의 발달과 함께 다양한 형태의 비대면 커뮤니케이션이 생겨나고 있으며, 바쁜 현대 생활의 영향으로 비대면 커뮤니케이션은 대면 커뮤니케이션에 비하여 점점 그 양이 증가하는 추세이다. 대면 및 비대면 커뮤니케이션을 통틀어 가장 큰 비중을 차지하는 것은 전화를 통한 커뮤니케이션이다. 이어서 이메일, 팩스, 문서, 서신, 문자 메시지, SNS 등이 있다. 화상회의(video conferencing) 기술의 발전으로 최근에는 화상회의 혹은 스카이프(Skype)와 같은 화상 전화도 많이 사용하고 있는데 화상회의나 화상 전화는 얼굴을 볼 수는 있지만 여러 가지 제약 조건들을 고려할 때 비대면 커뮤니케이션으로 분류하는 것이 오히려 적합할 것 같다.

서비스 활동에서 이용하는 전화 커뮤니케이션은 인바운드(in-bound) 상담과 아웃바운드(out-bound) 안내로 구분하고 있다. 단어가 주는 의미 그대로 인바운드는 고객이 컨택센터로 전화하여 정보나 서비스를 요청하거나 혹은 관련된 업무 처리를 하는 경우를 말하며, 아웃바운드는 거꾸로 기업(컨택센터)에서 고객에게 전화하여 적극적으로 정보를 안내하거나 혹은 필요한 조사를 실행하는 것을 말한다. 일반적으로 전화 서비스는 시작 인사, 고객 확인, 서비스 제공, 정보 수집, 처리 내용 요약 혹은 재확인, 마침 인사의 순서로 이루어진다. 상담 방법과 응대 예절 등에 대해서는 어떤 기업에서든 서비스 직원에게 많은 교육을 제공하고 있으며, 내부 매뉴얼에 따라 대체로 업무를 잘 수행하고 있다고 생각한다.

전화를 통한 서비스에서 놓치지 말아야 할 것은, 얼굴을 보지 않고 전화로 커뮤니케이션을 하는 것이지만 대화 시간이 경과되면서 상대편에서는 무엇인가를 느끼게 된다는 것이다. 즉 서비스 직원이 성실하게 서비스를 제공하는지 아닌지를 언어의 미묘한 뉘앙스에서 느끼게 된다는 것이다. 그러므로 가장 중요한 것은 커뮤니케이션에서의 진정성이다. 진심으로 고객을 위하는 마음 혹은 상대를 배려하는 마음으로 소통해야 한다. 그러한 진정성을 전화기 건너편의 고객은 어떤 형태로든 느끼게 된다. 보이지 않는다고 자세가 흐트러지거나 태만해서는 안 된다. 언제나 상대방은 그것을 알아차린다는 것을 명심하여야 한다.

이메일이나 문서로 커뮤니케이션을 할 때에는 회사의 서식에 맞추어 명확하고 이해하기 쉬운 단어를 사용하여 작성하여야 한다. 특히 숫자와 철자에 오류가 없도록 주의를 기울이고 발송 전에 확인하는 습관을 가져야 한다. 숫자와 철자의 오류는 진정성을 평가하는 또 다른 척도가 되기 때문이다.

오해의 지름길로 이끄는 듣기의 실패

커뮤니케이션의 한 축은 '듣기'와 '읽기'이고, 그에 대응하는 다른 한 축은 '말하기'와 '쓰기'이다. 네 가지 요소 중 무엇이 더 중요하다 또 덜 중요하다고 말할 수 없지만 그래도 굳이 하나를 선택하라면 '듣기'일 것이다. 발신자(sender)로부터 전달된 메시지가 수신자(receiver)에게 잘 전달되어야 커뮤니케이션의 첫 단추가 제대로 끼워지는 것이다.

커뮤니케이션은 발신자와 수신자 사이에서 정보를 서로 주고받는 순환 구조이다. 발신자가 메시지를 명확하게 전달하지 않거나 혹은 수신자가 제대로 듣지 못한 경우에 '오해'라는 치명적인 문제가 발생한다. 경험에서 볼 때 오해는 듣기의 실패에서 생기는 경우가 많다. 만약 발신자가 명확하게 메시지를 전달하지 못했다면 수신자는 발신자에게 메시지를 재확인하여 정확하게 이해해야 하는 의무가 있다. 그런데 그것을 소홀히 하여 서로 오해를 만들게 되는 경우를 많이 보았다. 이처럼 서비스 직원이 '듣기'에 실패한다면 그것은 곧바로 서비스의 품질 저하, 서비스의 실패, 고객의 불만, 고객의 이탈 등 기업의 성과에 부정적인 영향을 가져오게 된다.

오해의 많은 부분이 수신자의 인식 오류(perceptual error)에 기인한다. 인식 오류는 수신자가 제한된 정보나 부정확한 추정에 기초하여 현상을 인식함으로써 어떠한 사실을 잘못 보거나 제한적으로 볼 때 발생한다. 인식 오류는 수신자의 선택적 인식(selective perception), 기본적 속성 오류(fundamental attribution error), 투영(projection), 고정관념(stereotyping) 등에 의해 일어난다.

선택적 인식이란 커뮤니케이션에서 수신자가 스스로 듣고 싶거나 기대하는 쪽으로 인식하려는 경향을 말한다. 이러한 선택적 인식에서 벗어나는 방법은 인식하기 전에 사실(fact)을 정확히 판단하는 것이다. 수신자 스스로 성급한 결정을 내리지 말고 발신자의 전체 메시지를 이해하려고 하여야 한다.

속성(attribution)은 사람의 특정한 행동에 대하여 어떠한 이유를 찾아보는 과정으로 설명할 수 있다. 즉 그 사람은 현재 이러한 상황에 있으니 이렇게 행동할 것이다라고 단정짓는 것이다. 상대방의 행동을 잘못 추론하여 단순히 일반화된 원인으로 귀속시키는 경우에 속성에 대한 편견(attribution bias)이 생기게 된다. 속성의 오류는 발신자의 상황적 요소(situational factors)가 전달하는 영향을 과소평가하고, 반대로 발신자의 개인적 요소(personal factors)가 주는 영향을 과대평가할 때 주로 발생한다. 예를 들어 거친 말투를 사용하는 발신자가 현재 아주 힘든 상황 속에 있다는 사실을 이해하지 못한 채, 일반화하여 인식하게 되면 그 발신자를 아주 무례하거나 난폭한 사람으로 인식하게 된다. 하지만 상대방이 지금 매우 어렵고 힘든 상황에서 짬을 내어 이야기를 한다는 상황을 알게 된다면 그 사람에 대한 인식은 많이 달라질 것이다.

투영(projection)은 자신의 감정을 다른 사람의 탓으로 돌릴 때 일어나는 인식의 오류이다. 고집이 센 사람이 자신은 그렇지 않은데 상대방이 고집이 세다고 인식하는 경우이다. 이처럼 투영은 서비스 직원이 고객의 말을 듣고 이해하는 데 있어 큰 걸림돌이 될 수 있다.

고정관념(stereotyping)은 상대방의 외모나 프로파일에 기초하여 그 사람을 평가하거나 인식하는 것을 말한다. 즉, 발신자의 연령, 성별, 직업, 교육 수준 등으로 미리 그 사람에 대하여 인식을 해버리는 오류를 말한다. 고정관념은 개인의 개성보다 집단에 의한 판단을 우선하므로 이렇게 인식된 특성은 매우 부정확하다. 고정관념은 커뮤니케이션에서 메시지를 수신하는 수신자의 사고를 경직화시키므로 고객을 상대하는 서비스 직원은 매우 주의해야 할 요소이다.

적극적인 듣기의 기술

성경에 마리타와 마리아 자매에 관한 이야기가 나온다. 마리타는 자신의 동네를 방문한 예수님을 자기의 집으로 모셨다. 마리타는 예수님을 대접하기 위해 음식을 준비하느라 분주히 움직였다. 그런데 동생인 마리아는 자신을 돕기는커녕 예수님의 발치에 앉아서 예수님의 이야기를 듣고만 있다. 이러한 모습에 마리타는 화가 나고 속이 상한다. 대충 이러한 줄거리이다. 그런데 예수님은 마리아의 자세를 더 좋아하신다.

이 이야기에서 우리는 손님을 가장 잘 대접하는 것은 그 사람이 원하는 것을 해주는 것이라는 것을 알 수 있다. 손님의 뜻을 듣지 않고 자기의 뜻대로 차리는 것은 대접이 아니라 자기 과시가 될 수 있다고 성경 이야기를 해석한다.

서비스에서 경청도 중요하고 또 그에 따른 적절하고 신속한 실행도 중요하다. 하지만 우선되어야 할 것은 경청이다. 경청을 하지 않은 실행은 또 다른 문제를 야기할 수 있다. 현장에서의 경험을 돌이켜보면, 불만고객들의 불평을 잘 들어주면 스스로 불만이 해결되기도 하고 혹은 잘 들어주는 서비스 직원의 태도에 만족하여 있었던 불만조차도 없었던 일로 해버리는 경우를 종종 보아왔다. 그래서 첫째는 경청이다. 그리고 경청이 중요한 만큼 경청이 참으로 어렵다는 사실 또한 우리는 알고 있다.

경청, 즉 적극적인 듣기(active listening)는 수신자가 언어(verbal) 및 비언어(non-verbal) 커뮤니케이션에 집중하여 발신자의 메시지를 적극적으로 수신하는 과정을 말한다. 적극적인 수신자는 발신자가 말하는 내용에 대하여 진심으로 관심을 가지고 듣는다. 수신자의 적극적인 듣기는 발신자로 하여금 커뮤니케이션의 상대방으로부터 존중받고 있다는 느낌을 가지게 한다. 이 점이 커뮤니케이션에서 상당히 중요하다. 상대로부터 존중받는다는 느낌은 정보의 전달을 원활하게 할 뿐만 아니라 오해가 발생하였을 경우에도 더욱 쉽게 해결할 수 있는 바탕을 제공하기 때문이다.

적극적인 듣기를 위해서 앤서니 알레산드라(Anthony Alessandra)와 필립 헌스커(Phillip Hunsaker)가 제시한 CARESS 모델을 활용해볼 것을 제안한다.* CARESS 모델은 경청하는 기술을 향상시키기 위하여 여섯 가지의 단계를 제시한다.

① 집중(concentrate)

TV를 시청하거나 친구들과 가벼운 대화를 할 때에는 일상적인 형태의 편안한 듣기(casual listening)가 가능하지만, 고객과의 대화에서는 전혀 다른 형태의 듣기가 필요하다. 고객이 전하고자 하는 메시지를 정확하게 이해하고 추가적인 정보를 획득하기 위해서는 적극적인 듣기가 필요하다. 이때 가장 필요한 것이 집중이다.

② 인정(acknowledge)

고객들은 서비스 직원이 자신의 이야기를 주의 깊게 듣고 있는지를 항상 확인하려고 한다. 따라서 대화의 중간중간에 적극적으로 잘 듣고 있다는 메시지를 수신자는 발신자에게 전달할 필요가 있다. 고개를 끄덕이며 이해를 하고 있다는 표현을 하거나 '예', '그렇군요', '잘 알겠습니다'와 같은 언어적 반응을 적절히 사용하는 것이 필요하다.

---

* Hunsaker, P. and Alessandra, A. (1980), The Art of Managing People, Prentice Hall.

③ 조사(research)

조사란 양방향 커뮤니케이션을 원활하게 하기 위하여 메시지 수신자가 발신자에게 질문을 하거나 확인하는 과정을 말한다. 수신자가 적절한 질문을 발신자에게 하는 것은 발신자의 이야기를 경청하고 있다는 것을 간접적으로 나타내는 또 다른 방법이다.

④ 감정 조절(emotional control)

발신자의 음성이나 사용 단어가 불편하게 느껴질 경우 수신자는 '감정 조절'을 통하여 발신자의 메시지를 잘 이해하도록 해야 한다. 사람마다 감정을 조절하는 방법은 다양하지만, 상대방이 그것을 알아차리지 않게 하는 것이 서비스 전문가의 자세이다. 그리고 수신자인 서비스 직원으로서 명심할 것은, 고객이 기업에 대하여 요구하는 것이 무엇인지를 파악하는 것이 서비스 직원의 목표이지 불편한 고객에게 감정적으로 이기는 것이 목표가 아니라는 것이다.

⑤ 비언어 메시지(sense the nonverbal message)

메시지를 전달하는 데 있어서 비언어적 요소의 역할이 80%를 차지한다고 주장하는 학자도 있다. 그만큼 비언어적 요소가 커뮤니케이션에서 차지하는 비중이 크고 중요하다는 이야기이다. 고객과의 상담에서 서비스 직원은 어떠한 비언어적 요소를 사용할 것인지를 연구하고 또 연습하여야 한다.

⑥ **구조화(structure)**

발신자의 메시지를 들으면서 핵심 단어를 메모하고, 동시에 전달할 내용의 핵심 단어를 정리해가면서 메시지를 상대방에게 전달하는 것이 커뮤니케이션을 구조화하는 방법이다. 이러한 구조화를 통하면 잘 정리된 핵심적인 내용들이 전달될 수 있다.

CARESS 모델에 추가하여 덧붙이면, 고객의 말을 많이 들으라는 것이다. 노련한 서비스 직원은 말을 많이 하기보다 오히려 많이 들으며, 또 고객이 이야기를 많이 하도록 유도한다. 특별한 이유가 없으면 상대방의 말을 끊지 않아야 한다. 상대방의 말을 끊고 들어오는 것은 대화에 있어 매우 무례한 행동으로 받아들여진다.

그리고 고객이 서비스 직원을 불편하게 만들고 심지어 상처를 주는 말을 하더라도 그것을 개인적인 것으로 받아들이지 않아야 한다. 고객은 기업을 상대로 이야기하는 것이지 서비스 직원 개인을 상대로 이야기하는 것이 아니다. 이것은 서비스 직원의 자존감을 지키기 위해서라도 꼭 이해하여야 할 내용이다. 그리고 커뮤니케이션에 있어서 발신자가 보내는 메시지는 부분적으로 이해하려고 하지 말고 전제로 이해하여야 한다. 그래야 고객이 진정으로 무엇을 원하는지를 파악할 수 있는 것이다.

이해의
기술

커뮤니케이션에서 가장 중요한 요소가 듣기라고 앞에서 언급하였다. 그러므로 가장 먼저 연습해야 하는 것 또한 듣기라고 설명하였다. 잘 듣는다는 것은 고객(발신자)이 전달하고자 하는 내용(메시지)을 서비스 직원(수신자)이 거의 동일한 수준으로 의미를 접수한다는 것이다. '적극적인 듣기(active listening)'에 추가하여 이해를 잘하기 위한 몇 가지 기술을 설명한다. 기술이라고 하기보다는 이미 우리가 일상에서 많이 사용하고 있는 방법들이다.

'다시 표현하기(rephrasing)'와 '질문하기(questioning)'를 커뮤니케이션 중간중간에 적절히 활용하는 것이다.

'다시 표현하기'는 발신자가 전달한 메시지에 대하여 수신자가 이해한 대로 정리하여 상대방에게 다시 표현하는 것이다. 이 과정에서 발신자는 자신의 메시지가 정확하게 수신자에게 전달되고 있는지를 확인할 수 있으며, 부족한 부분은 보완할 수 있는 기회가 된다. 발신자의 메시지를 다시 표현하면 내용에 대하여 서로가 이해하는 정도를 확인하고 정리할 수 있다.

'질문하기'는 대화를 부드럽게 시작할 수 있게 하고, 중간에 커뮤니케이션이 단절될 경우 대화를 유도하기도 하며, 정보를 확인하거나 세부적인 내용을 더 알고 싶을 때 이용할 수 있다. 다시 표현하기와 마찬가지로 수신자가 스스로 메시지를 제대로 이해하고 있는지를 확인하기 위하여 발신자에게 확인하는 과정으로 이용할 수도 있다. 서비스 직원의 입장에서는 적절한 질문을 통하여 고객의 숨은 욕구(needs)를 파악해낼 수도 있다.

질문은 '예' 혹은 '아니오'와 같은 답을 요구하거나 간단한 사실관계의 설명을 요청하는 폐쇄형 질문(closed question)과 광범위하고 다양한 의견을 유도하는 개방형 질문(open question)으로 구분할 수 있는데, 서비스 내용, 상황, 고객의 유형 등에 따라 적절하게 질문을 활용하여야 한다. 매우 수다스러운 고객이나 너무 내성적인 고객에게는 폐쇄형 질문이 적합할 것이고, 화가 난 고객이나 불만족한 고객에게는 개방형 질문으로 그들에게 감정을 표출할 수 있는 기회를 제공하는 것도 좋은 방법이다.

이 두 가지 유형의 질문 방식을 병용하는 방법을 깔때기형 기법(funnel technique) 혹은 역깔때기형 기법(inverted funnel technique)이라고 한다. 깔때기형은 개방형 질문에서 시작하여 점점 폐쇄형 질문으로, 즉 일반적인 질문에서 시작하여 구체적인 질문으로 넘어가는 방식이며, 역깔때기형은 그 반대의 방식이다. 깔때기형 질문 방식은 광범위한 질문을 통하여 고객의 신뢰를 구축하고 점점 제한적인 질문으로 문제의 범위를 좁히고 해결책을 찾아가는 방식이다. 역깔때기형은 고객에게 쉽고 편안한 질문부터 시작하여 나중에 광범위한 의견을 제시하도록 유도할 때 사용한다.

특정한 답을 유도하느냐 아니면 객관적인 정보를 구하느냐에 따라 유도성 질문(leading question)과 중립적 질문(neutral question)으로 구분하여 사용할 수 있다. 질문의 목적과 상황에 따라 적절한 방법을 사용하는 것이 질문법의 핵심이다.

반응의
기술

주소 변경과 같이 서비스 내용이 간단하고 단순한 경우에는 서비스를 제공하는 서비스 직원의 반응(responding)은 매우 간단하다. 그러나 서비스 내용이 복잡하거나 고객이 불만을 제기하는 경우에는 그 문제를 해결해야 하는 서비스 직원의 반응은 설명, 설득, 협상과 같이 내용이 복합적으로 일어날 것이다.

설명(explanation)은 단순히 사실(fact)을 전달하는 과정이다. 양식의 작성 방법이나 업무 처리의 프로세스를 설명하는 것처럼 어떤 사실과 정보를 전달하는 것이다. 앞에서 예를 들었던 주소의 변경 처리와 같은 서비스는 간단한 설명 정도의 반응이 요구되는 서비스이다.

설명을 효과적으로 하기 위해서는 전달하고자 하는 내용을 서비스 직원이 먼저 충분히 이해하고 있어야 한다. 따라서 판매 상품과 관련 업무의 프로세스에 대한 정확한 이해는 서비스 직원에게 요구되는 첫 번째 과제이다. 내가 모르면서 상대방에게 설명하는 것은 다른 더 큰 문제를 야기하게 된다. 서비스 직원은 고객에게 정확한 정보를 제공하여야 하는 의무를 가지고 있다. 정확한 정보를 전달할 수 없다고 판단될 때에는 그 분야의 전문가나 관리자를 연결하여 정확한 설명을 제공하거나, 상황적으로 불가능할 경우에는 확인 후 설명하는 방법을 선택하는 것이 바람직하다.

고객이 알고 싶어 하는 내용에 초점을 맞추고 가능한 간결하게 설명하는 것이 좋다. 그리고 전문용어의 사용은 자제하여야 한다. 고객의 상황이나 연령, 이해력 등을 고려하여 고객의 눈높이에 맞추는 설명이 필요하다. 시중에 판매되고 있는 학습지의 선전처럼 교육에만 눈높이가 필요한 것이 아니다. 좋은 서비스를 제공하기 위해서는 고객의 눈높이에 맞추는 일이 중요하다. 설명한 내용이 복잡할 때에는 정리된 내용을 이메일로 다시 전달하여 내용을 확인시켜주는 것도 정확한 정보 전달을 위한 좋은 방법이다.

어떠한 경우라도 고객이 무시당하고 있다고 느낄 수 있는 표현은 절대 금물이다. 고객이 쉽게 이해할 수 있도록 설명할 수 있어야 진정한 의미의 서비스 전문가이다. 서비스 직원의 개인적인 문제나 회사의 문제를 고객에게 이야기하여서는 안 된다. 순간적으로 난처한 상황을 모면하려고 개인적인 문제나 회사의 문제로 원인을 돌리면서 일종의 핑계를 만들고자 하는 서비스 직원들이 있다. 잠깐 동안은 편할지 모르겠지만, 궁극적으로는 좋은 해결책이 아니며 더욱 큰 문제를 야기할 수도 있다.

설득(persuasion)은 말로써 상대방의 생각이나 행동에 영향을 미치려고 시도하는 것을 말한다. 많은 경우 서비스의 확대, 즉 더욱 쉽고 편안한 서비스의 제공은 반작용으로 위험(risk)의 확대로 연결된다. 무조건 쉽고 편안한 서비스를 요구하는 고객에게는 위험, 특히 고객 본인의 개인 정보 혹은 재산상의 위험에 부정적인 영향을 줄 수 있음을 설명하여 설득할 수 있다. 설득을 시도하는 서비스 직원은 설득하는 내용이 법규에 저촉되지 않도록 주의를 기울여야 한다. 고객이 서비스 직원을 신뢰할수록 그리고 서비스 직원의 설명이 논리적일수록 설득에 많은 도움이 됨을 실무 경험을 통하여 알 수 있다.

협상(negotiation)은 서로 이해가 맞지 않거나 더 나아가 이해의 충돌
이 발생한 경우에 서로 받아들일 수 있는 해결안에 도달하도록 견해
의 차이를 좁혀가는 과정을 말한다. 설득이 상대방을 납득시켜 설득
자의 생각을 받아들이도록 시도하는 것이라면, 협상은 쌍방이 받아
들일 수 있는 해결안을 찾아가는 과정이다. 그러므로 협상은 서로
양보를 전제로 하는 것이다. 협상은 이해 당사자가 서로 윈-윈(win-
win)했다는 감정을 느낄 때 완성되는 것이다. 서비스 실무에서 이용
하는 협상의 단계는 '상담과 협의 → 제안과 반대 제안 → 동의 → 실
행'의 순서로 진행되며, 동의가 이루어지지 않을 경우에는 다른 대안
을 준비하여 다시 협상의 순서를 진행한다.

'상담과 협의'의 단계는 사실과 문제를 파악하는 과정으로, 이 단
계에서 서비스 직원은 정확한 사실관계와 고객의 불만 혹은 감정 상
태를 파악하는 것이 중요하다.

'제안과 반대 제안'의 단계는 문제 해결을 위한 대안을 서로 제시
하는 단계이다. 이 단계에서 서비스 직원은 고객의 니즈를 이해하고
공감하려고 노력하여야 하며, 상대방에게 서비스 제공자의 입장을
이해하도록 요청하여야 한다.

'동의'의 단계는 제안 혹은 반대 제안을 수용하는 단계로, 제안 혹
은 반대 제안의 내용을 정확히 이해하고 실행에 대한 스케줄과 방법
등을 구체적으로 협의한다.

'실행'은 동의 단계에서 합의된 내용을 정확하게 실행하고 그 결과
를 전달하는 과정이다.

협상의 전 과정을 통하여 어느 단계에서나 공동의 목표를 찾아내

어 공동의 이익을 달성하는 것을 협상의 기반으로 삼아야 한다. 솔직하게 이야기하는 것이 최고의 커뮤니케이션 스킬이라는 말이 있듯이 협상에서도 언제나 솔직하고 정직하게 커뮤니케이션을 해야한다. 즉, 지킬 수 없는 약속을 해서는 안 된다. 현재의 불편한 상황을 모면하기 위해 모호한 제안을 하거나, 우선 동의하여 급한 불부터 끈다는 식의 접근은 더욱 큰 문제를 야기할 뿐이다. 협상은 힘들고 불편한 프로세스이다. 그러므로 스스로 감정을 조절하고, 고객이 감정적으로 접근하더라도 문제의 해결에 논의의 초점을 맞추도록 노력하여야 한다.

상호작용의
중요성

서비스 직원은 고객에게 서비스를 제공하는 업무를 수행한다. 그러므로 업무를 수행하는 내내 끊임없이 고객과 상호작용이 일어나고 또 긍정적인 상호작용이 이루어지도록 유도한다. 고객과의 상호작용에서 얼마나 성공하느냐에 따라 같은 품질의 서비스를 제공하더라도 고객이 받아들이는 만족도는 달라지기 때문이다.

서비스 직원도 사람이고 고객도 사람이다. 그리고 세상에는 똑같은 사람은 없다. 그러므로 서비스 직원과 고객 사이에 일어나는 상호작용도 다양한 조합으로 매일매일 새롭게 다가올 것이다. 그렇다

보니 상호작용을 어떻게 해야 한다는 원칙을 별도로 제시하기는 매우 어려워 보인다. 하지만 그럼에도 불구하고 다음과 같은 공통적인 조언은 가능할 것이다.

① 고객의 감정을 먼저 확인하고 그 다음에 사실관계를 확인하라.

사실관계의 확인보다 더 중요한 것이 고객의 감정 상태이다. 경험에 의하면 감정이입이나 공감만으로 사실관계의 확인 없이 문제를 해결하는 경우도 상당히 많다.

② 경청의 기술을 활용하여 가능한 많이 들으라.

많이 듣는 것이 결국 좋은 서비스이다. 사람은 자신의 말에 귀를 기울여주는 사람을 좋아한다. 경청을 통하여 신뢰가 쌓인다면 어렵고 불편한 문제도 웃으면서 해결될 수 있다. 신뢰가 쌓이면 고객이 스스로 져주는 경우를 만나기도 한다. 그리고 많은 경우 사람은 이야기하면서 스스로 해결안을 발견하기도 하고, 들어주는 사람에게 감사하는 마음이 생겨서 본인이 양보하기도 한다.

③ 상냥하고 친절하게 상담하라.

빈정대는 어투와 뉘앙스는 서비스의 독이다. 우리 속담에 "말 한마디로 천냥 빚을 갚는다"라는 말이 있다. 화가 난 고객도 친절하게 응대하고 잘 들어주고 공감해주는 서비스 직원에게는 결국 우호적으로 변한다.

④ 전문용어의 사용을 자제하라.

가능한 쉽게 설명하라. 상대가 이해하지 못하는 전문용어를 사용하면 소통 자체에도 문제가 있지만 고객의 마음을 상하게 해서 상호작용에 엄청난 걸림돌이 된다. 꼭 어려운 용어를 사용해야만 할 경우 요령 있게 설명하고 양해를 먼저 구하는 것이 방법이다.

⑤ 고객이 말하는 것을 개인적으로 받아들이지 마라.

서비스 직원은 회사의 대리인으로 상담하는 것이다. 고객이 나쁜 언어를 던지더라도 그것은 서비스 직원에게 던지는 공격이 아니다. 그리고 거친 언어를 사용한 사람은 스스로 마음의 빚을 가지게 된다. 그 순간을 지혜롭게 넘기면 오히려 신뢰 구축의 계기가 될 수 있다.

⑥ 실수한 경우나 오해를 했을 때는 솔직하게 사과하라.

가장 좋은 커뮤니케이션은 진정성을 담은 것이다. 우리 속담에 "호미로 막을 일을 가래(삽)로 막는다"라는 말이 있다. 솔직하게 사과하는 것이 커뮤니케이션에서 '호미'로 막는 일과 같은 것이다.

⑦ 상담을 마무리할 때 고객이 동의한 내용에 대해 요약하여 전달하라.

요약과 확인은 2차적인 문제를 예방하며, 응대한 서비스 직원이 전문가임을 간접적으로 보여주는 효과를 가져온다.

04

전략과 실행은
똑같이 중요하다

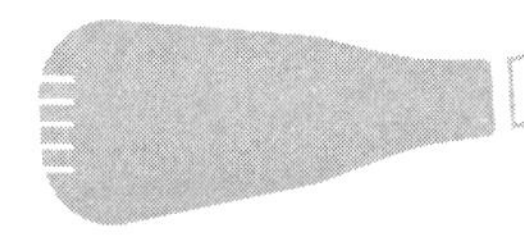

경영전략과
PQS

경영전략에 대한 이야기를 나누다 보면 지리멸렬해지고 하염없이 길어지는 경우가 왕왕 발생한다. 전략에 대해서는 수많은 학자들이 여러 방향으로 연구에 연구를 거듭해왔다. 마이클 포터(Michael Porter)의 논문이 발표된 이후 많은 곳에서 많은 사람들이 '경쟁전략'이라는 용어를 사용한다. 경영 현장에서도 마찬가지이다.

자주 인용하는 말이지만, "지피지기(知彼知己)면 백전불태(百戰不殆)"라는 손자병법의 구절이 전략의 핵심이다. 전쟁에서는 적군의 상황을 이해하고 아군의 능력을 알아야 최소한 지지 않는다는 말이다. 경영의 현장으로 돌아오면 고객을 알고 자신이 속한 기업을 안다는 의미로 재해석할 수 있다. 가끔 고객이 아닌 경쟁사에 대한 이해를 지피(知彼)로 해석하는 사람들도 있지만 저자는 경쟁사보다는 고객을 아는 것이 지피에 더욱 가깝다고 여긴다.

고객이 수많은 경쟁 상품 중에서 특정 상품을 선택하는 데에는 그 나름의 기준이 있다. 이 기준을 정확하게 빨리 찾아내어 그 기준에 맞는 상품을 제공하여 시장에서 경쟁력을 확보해나가는 것이 기업의 전략, 즉 경영전략이다.

그렇다면 기업의 경쟁력은 어디에서 오는가? 경영전략 혹은 경쟁전략은 경쟁 기업과 대항해서 이기는 방법을 찾는 것이다. 소극적으로 접근한다면 적어도 지지 않는 방법을 찾는 것이다. 결국에는 어떻게 해야 경쟁 기업에 우선하여 고객으로부터 선택받을 수 있는가 하는 이야기이다. 많은 내용들이 있겠지만, 현장에서의 경험을 몽땅 넣어서 세 가지의 핵심 요소로 만들어보면 감히 PQS(Price, Quality, Service)라고 정리한다. 마이클 포터 교수가 주창한 '지속 가능한 경쟁우위(sustainable competitive advantage)'는 결국 이 PQS의 경쟁력이 지속적으로 유지될 때 만들어진다고 할 수 있다.

고객의 입장에서 품질(Q)도 비슷하고 서비스(S)도 비슷하다면 더 지렴한 가격(Price)을 제공하는 상품을 구매할 것이다. 마찬가지로 비슷한 가격(P), 비슷한 서비스(S)가 제공된다면 더 좋은 품질(Quality)을 제공하는 상품을 구매할 것이다. 그리고 비슷한 가격(P)과 품질(Q)을 가진 상품이라면 단연코 서비스(Service)가 좋은 상품을 구매할 것이다. 그 서비스가 사전 서비스이든 사후 서비스이든 서비스에 대한 신뢰가 구매를 결정하는 하나의 축이 되는 것이다.

기업의 전략은 결국 가격(P), 품질(Q), 서비스(S)라는 세 가지 요소를 어떻게 경쟁력 있게 가져가는가에 대한 고민이다. 물론 가용한 자원과 회사의 수익성에 대한 고민은 가격, 품질, 서비스를 검토할 때 기본적으로 고려해야 할 전제 조건이다. 결국 가격, 품질, 서비스에서 경쟁력을 확보하기 위해 생산, 운영, 서비스, 품질관리, 마케팅, 영업, 재무 등 경영의 모든 기능이 함께 협업하여 움직이는 것이다. 경영자는 회사의 조직과 기능에 이 세 가지 요소의 경쟁력을 확보하는 것이 경영의 목표라는 사실을 끊임없이 일깨워주어야 한다. 시간이 흐르고 조직이 커지면서 기업은 이렇게 간단하고 중요한 핵심을 망각한 채 그냥 습관적으로 움직이는 경우가 많기 때문이다. 그리고 그러한 습관적인 움직임을 그들은 경영이라고 부르고 있는 것이다.

서비스와
기업문화

사람이 각자 나름대로의 성격을 가지고 있듯이 기업도 독특한 성격을 가지고 있다. 그것이 '기업문화'이다. 기업문화라는 보이지 않는 실체를 통하여 직원들은 무엇이 중요한 일인지 그리고 어떤 식으로 업무를 수행해야 하는지를 스스로 알게 된다. 형식지(形式知)로 완성되어 있지 않아도 암묵지(暗默知) 상태로 서로 이해하고 그 이해를 바탕으로 일하는 것이다. 그리고 고객들은 그들이 접촉하는 직원의 태도, 업무를 처리하는 방식, 커뮤니케이션 방법 등을 통하여 그 기업의 문화를 단편적으로나마 느끼게 된다.

서비스는 규정이나 매뉴얼에 의해 업무를 수행하고 통제하기가 힘든 분야이다. 물론 규정과 매뉴얼, 그리고 업무 프로세스 등이 서비스 업무의 원활한 수행을 위해 중요한 역할을 하고 있지만 그 기저를 이루는 것은 해당 기업의 문화이다. 특히 고객과 서비스에 관련된 기업문화이다.

기업문화에는 주류문화(dominant culture)와 부속문화(subculture)가 있다. 주류문화는 조직 전체에 걸쳐 나타나는 기업문화이며, 부속문화는 특정 조직이나 부서 등에 존재하는 기업문화이다. 기업문화는 강도에 따라 강한 기업문화와 약한 기업문화로 구분할 수 있다. 강한 기업문화를 추구하는 조직에서는 회사의 경영철학, 목표, 우선순위, 업무 관행 등을 직원들이 정확하게 이해하고 일관되게 따르도록 하지만, 상대적으로 약한 기업문화를 가진 기업에서는 이 부분에 대한 이해도가 떨어지거나 일관되게 적용되지는 않는다. 그래서 약한 기업문화를 가진 기업에서는 개별 조직 단위로 형성되는 부속문화가 주류문화보다 강하게 나타날 수도 있다.

기업의 문화에 영향을 미치는 요소는 기업의 구조, 규모, 역사, CEO의 리더십 스타일, 중간 관리자들의 리더십 스타일, 단위 부서의 업무 진행 방식, 직원 개인의 성향과 역량 등 다양하며, 기업을 구성하는 모든 것이 기업문화에 영향을 미친다. 하지만 그중에서 절대적인 영향을 미치는 것이 CEO의 리더십 스타일과 조직의 운영 방식이다. 즉 CEO의 리더십 스타일과 경영철학에 따라 기업문화가 정해진다고 할 수 있다. 중앙집권적 조직 구조와 강한 카리스마를 가진 CEO가 경영하는 기업에는 주류 기업문화가 강하게 형성된다. 분권형 조직 구조와 권한 위임형을 추구하는 CEO가 조직을 이끌고 있다면 C-Level(COO, CFO, CMO 등) 임원별 혹은 사업부별 부속문화가 주류문화보다 강하게 나타날 수 있다.

서비스에 대한 관심과 이해가 기업문화, 특히 주류 기업문화의 하나로 정착될 때 서비스는 향상되며, 그것을 기반으로 기업은 성장하고 성과를 올릴 수 있다. 물론 고객 중심, 서비스 중심의 기업문화가 업무적으로 구체화되고 실현되기 위해서는 앞에서 설명한 서비스 인력, 프로세스, 그리고 시스템의 융합적 개선이 기업문화의 정착과 함께 선행되어야 할 과제이다.

서비스 전략의
수립

서비스 전략은 전사적 전략의 하나로 수립된다. 개별 기업마다 전략을 수립하는 방법과 프로세스는 차이가 있지만, 일반적인 흐름은 다음과 같다.

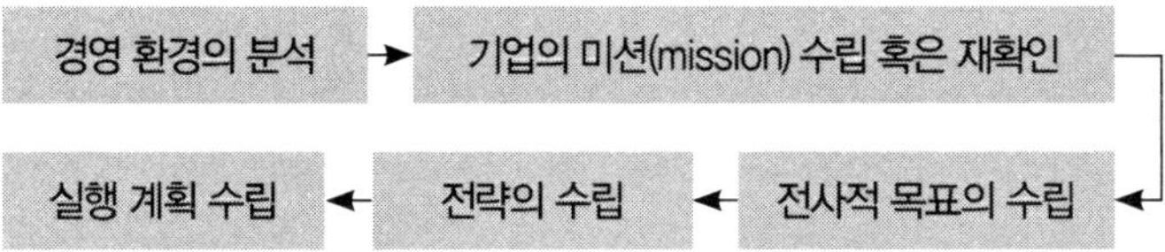

〈그림 4-1〉 전략 수립 프로세스

기업에서는 경영 환경을 분석하기 위하여 SWOT 분석 혹은 경쟁 분석 등의 방법론을 많이 이용하고 있다. 그러나 분석 방법론에는 절대적인 정답은 없다고 생각하는 것이 옳을 것이다. 해당 기업별로 가장 적합하고 유용하다고 판단되는 분석 기법을 차용하거나 자체적으로 개발하여 사용하는 것이 일반적이다.

기업의 미션은 그 기업의 '존재의 이유'이다. 그리고 비전은 일반적으로 5년 후, 10년 후처럼 일정한 시간이 지난 후 상상하는 기업의 모습으로 이해하면 크게 틀리지 않을 것이다. 목표의 수립은 개인의 목표이든 조직의 목표이든 모두 'SMART한 목표'를 설정하는 것이 바람직하다. SMART한 목표는 구체적인 목표의 수립을 가능하게 하고 그에 따른 성과의 평가 및 측정을 상대적으로 명확하게 할 수 있기 때문이다. SMART는 Specific(구체적), Measurable(측정 가능), Achievable(달성 가능), Realistic(현실적), Timely(시간적으로 적절한) 혹은 Time-Bound(시간적 제한 요소를 고려한)의 이니셜로, 목표의 수립 시 반드시 고려해야 할 요소들이다.

서비스 전략을 수립하기 위하여 우선 해당 기업의 서비스 경영 환경을 분석하는 작업부터 시작해야 할 것이다. 고객, 서비스 직원, 지원 조직 직원들과의 인터뷰나 설문조사, 경쟁사 현황 조사, 벤치마킹 대상 기업의 사례 조사 등을 통하여 서비스 인력, 프로세스, 시스템 등의 내부서비스 품질과 서비스 직원의 만족도/충성도, 고객의 만족도/충성도까지 폭넓게 환경을 분석할 수 있다면 더욱 효용이 높은 전략을 수립할 수 있을 것이다.

서비스 환경을 분석하였다면 이를 기반으로 서비스 부문과 기능에 대한 미션을 수립하거나 재검토하는 작업을 수행할 필요가 있는지 살펴보아야 한다. 미션은 기업이나 조직이 존재하는 이유를 설명하며 이어서 경영철학으로 진화된다. 서비스 부문의 미션을 기초로 하여 목표를 설정하고 그 목표를 달성하기 위한 전략과 실행 계획을 수립하게 되는 것이다. 목표의 설정은 누구나 쉽게 이해할 수 있도록 SMART하게 수립하여야 한다. 전략의 수립에 있어 전략의 실행이 곧바로 목표의 달성으로 연결될 수 있도록 수립하는 것이 중요하다. 즉, 전략과 목표가 별개의 사안이 되어서는 안 된다는 것이다. 실행 계획은 개별 전략을 달성하기 위한 구체적인 계획으로 '실행할 내용(what)과 실행을 담당하는 주체(who)와 실행 일정(by when)'을 필수적으로 명시하여야 한다.

목표, 전략, 실행 계획 등이 SMART하게 수립되면 조직의 구성원과 리더들은 누가 언제 어떤 업무를 수행해야 하는지 명확하게 알게 되며, 더불어 성과의 측정과 평가에서도 더욱 객관적으로 접근할 수 있게 된다.

서비스 조직의
구성

조직은 한 사람이 사업의 모든 일을 수행할 수 없을 때 필연적으로 만들어진다. 두 사람이든 세 사람이든 아니면 수백 명이든 함께 일하게 되면 조직의 구성이라는 과제가 따라올 수밖에 없다. 서비스 전략은 전사적 전략의 하나로 수립된다고 앞에서 설명하였다. 결국 기업에서 조직이란 일을 어떻게 나누어서 효율적이고 효과적으로 할 것인지를 결정하는 구조이다. 즉, 역할과 책임(role and responsibility) 그리고 의사 결정 권한을 해당 기업의 경영 활동에 맞게 얼마나 잘 구성하는가 하는 문제가 조직 구성의 성패를 결정한다. 고객에게 서비스를 제공하는 서비스 조직도 별반 다르지 않다.

조직의 구성을 일목요연하게 표시한 것이 조직도(organization chart)이다. 일반적으로 조직도에는 기능별 분야, 직무 포지션, 의사 결정 라인(혹은 보고 라인) 등을 담고 있다. 전통적으로 제조업의 조직도는 수직적인 형태(tall organization)이며, 이와는 반대로 수평적인 조직(flat organization)의 형태를 주로 보여주는 것이 컨설팅 기업이다. 어떤 기업이든 극단의 수직적 조직과 수평적 조직은 찾아보기 어렵고, 사업의 성격과 인력 구조 등을 고려하여 양쪽의 요소가 모두 가미된 적절한 조직을 구성한다. 수직적이든 수평적이든 조직의 구성과 운영에는 명확한 역할과 책임(R & R) 및 의사 결정 라인, 그리고 타 부문과의 협력 혹은 협업을 위한 조정 프로세스가 중요하다.

서비스를 직접 관장하는 부서의 유형은 크게 세 가지로 나누어진다. 게이터키퍼(gatekeeper)형 서비스 부서와 풀서비스(full-service)형 서비스 부서, 그리고 통합된 형태의 서비스 부서이다. 주소 변경과 같은 단순하고 일상적인 업무만 서비스 부서에서 처리하고 대부분의 서비스 업무를 담당 부서로 전달하는 역할을 수행하는 것이 게이터키퍼 형태이다. 복잡한 기술적 지식을 요구하는 산업 혹은 신설기업(start-up)에서 쉽게 찾아볼 수 있다. 일반적인 기업에서는 주로 풀서비스형 형태로 서비스 부서를 운영하는데, 대부분의 서비스 업무를 서비스 센터에서 수행하고, 서비스 제공이 곤란한 일부 업무에 대해서만 관련 부서로 이관하여 서비스를 제공한다. 산업의 특성에 따라 서비스 제공 시 후속 업무의 처리 비중이 높은 경우에는 서비스 부서와 업무 처리팀이 통합된 형태의 서비스 센터(service center)를 운영하기도 한다. 이처럼 개별 기업은 고객, 상품, 그리고 요구되는 서비스의 내용에 따라 각기 다른 형태의 서비스 조직으로 운영한다. 특별한 상황이나 특수한 문제를 해결하기 위해 문제 해결 전담팀(taskforce team)이나 협업팀(cross- functional team) 등을 별도로 운용하기도 한다.

서비스를 전담하는 팀은 대체적으로, 직접 서비스를 제공하는 서비스 직원, 서비스 직원들을 관리하고 교육하며 지원하는 1차 관리자인 슈퍼바이저(supervisor), 그리고 팀 전체를 관리하는 팀장으로 구성된다. 이처럼 서비스 부서는 수평적 조직에 가깝게 운영하는 것이 일반적인 추세이며, 이것은 현재의 경쟁 상황에서 수평적 조직이 서비스 활동에 더욱 적합한 조직으로 인식되고 있다는 것을 반영하는 것이라 하겠다.

서비스 프로세스

서비스 프로세스란 고객에게 서비스를 제공하기 위하여 반복적인 활동을 수행하는 일련의 과정을 말한다. 상품에 대한 설명, A/S(after service)의 접수, 고객의 불만 해결, 주소와 같은 고객 정보의 변경 등 서비스의 유형에 관계없이 일관성 있는 서비스 프로세스는 고객의 불만을 최소화하며 신속, 정확 그리고 표준화된 서비스의 제공을 가능하게 한다.

고객이 필요로 하는 서비스는 사안별로 조금씩 차이가 있지만 유형별로 정리할 수 있고, 각각의 유형별로 서비스 프로세스를 개발할 수 있다. 케이스별로 유연하게 서비스를 제공하는 것이 허용되지만, 기본적인 서비스 업무의 흐름은 표준화된 프로세스를 따라 제공하는 것이 효율적이고 효과적이다.

대면 서비스 조직이든 비대면 서비스 조직이든 서비스를 제공하는 기본적인 프로세스는 큰 차이가 없다. 일반적인 서비스 프로세스는 다음과 같다.

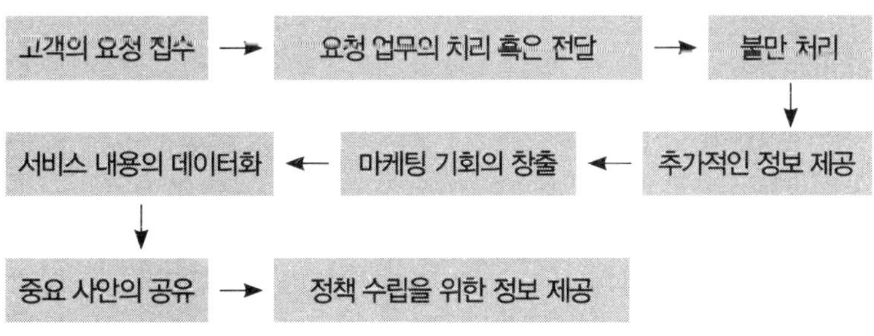

〈그림 4-2〉 서비스 프로세스

1) 고객의 요청 접수

현장의 실무자들은 서비스의 성패는 이 단계에서 이미 결정된다고 이야기한다. 서비스의 요청 방법이 너무 복잡하거나 너무 많은 시간을 소요하게 된다면 고객은 이미 불편한 마음으로 서비스 직원과 대화를 시작하게 된다. 근래에 와서 효율성이 너무 강조되어 오히려 문제를 일으키는 하나의 사례로, 끊임없이 돌고 도는 자동응답 시스템(ARS)을 들 수 있다. 고객은 정작 본인의 문제를 전달하기도 전에 지쳐버리거나 화가 난 상태로 겨우 서비스를 받게 되는 것이다.

유럽의 한 은행에서 비용 절감을 위해 지점망을 대폭 축소시키고 ATM(현금자동인출기)으로 대체하면서 자동화 기계에 익숙하지 않은 노인층 고객들을 뿔나게 만든 사례가 있었다. 다행히 그 은행은 실수를 재빨리 인지하고 ATM 기계를 편의점 내에 설치하고 편의점 직원이 노인 고객을 위해서 조작법을 도와주는 추가적인 서비스 프로세스를 도입하여 문제를 완화시켰다. 고객을 친절하게 맞이하는 것도 중요하지만 그보다 더 중요한 것은 서비스를 요청하는 고객이 얼마나 빠르게 그리고 편하게 서비스 직원과 접촉할 수 있느냐 하는 것이다. 그래서 서비스 프로세스의 첫 단계인 고객의 요청 접수가 중요한 것이다.

2) 요청 업무의 처리 혹은 전달

고객이 요청하는 서비스는 내용과 복잡성이 모두 다르다. 주소 변경과 같이 요청하는 즉시 간단한 본인 확인 절차를 거친 후 바로 현장에서 처리 가능한 서비스가 있는가 하면, 상당한 자료의 공급이 필요하거나 상위 의사 결정권자의 판단이 요구되는 사안도 있을 것이다. 그러므로 서비스의 요청을 처리하는 방법은 즉시 처리, 후속 조치 처리, 전문 부서에 이관 처리 등 다양한 프로세스를 통하여 처리되는 것이 현장의 모습이다.

이와는 별도로 상황에 따른 유연한 서비스 제공을 위하여 서비스 직원의 권한을 초과하는 예외 처리 프로세스(exception process)를 두기도 한다. 고객의 불만이 너무 강하여 관리자의 개입이 필요한 경우에는 에스컬레이션 프로세스(escalation process)를 이용하기도 한다. 에스컬레이션 프로세스는 감당하기 어려운 불만고객을 해결하려는 목적과 서비스 직원을 보호하기 위하여 사용하는 프로세스이다.

3) 불만 처리

대부분의 회사는 고객의 불만을 처리하기 위한 프로세스를 따로 준비하고 있다. 고객 불만 혹은 민원을 해결하는 프로세스는 불만고객의 요구를 해결하는 데 초점을 맞추게 되지만, 법규의 준수와 다른 고객과의 형평성, 그리고 최근에 서비스 분야에서 뜨거운 감자로 부상하고 있는 블랙슈머(blacksumer)의 문제도 함께 고려하여야 하는 복잡하고 예민한 문제이다. 하지만 불만고객에 대한 처리 과정에서 서비스 실패(service failure)를 슬기롭게 회복하면 오히려 불만고객을 충성고객으로 전환시킬 수 있는 중요한 기회가 되기도 한다.

4) 추가적인 정보 제공

고객이 요청한 내용이 해결된 후, 고객이 요청하지는 않았지만 고객에게 필요한 추가적인 정보를 전달하는 프로세스이다. 고객에게 필요한 추가 정보의 제공 프로세스를 통하여 고객의 만족도와 충성도를 향상시킬 수 있을 뿐만 아니라, 언젠가 고객이 요청할 수 있는 내용을 미리 전달함으로써 서비스의 효율성과 효과성을 높일 수 있다.

5) 마케팅 기회의 창출

추가적인 정보 제공에 더하여 신상품 안내, 프로모션 이벤트 소개와 같은 마케팅 활동을 할 수 있다. 단 고객이 부정적인 느낌을 갖지 않도록 잘 준비하고 세련되게 접근해야 한다는 점을 유의하여야 한다. 특히 시간적인 여유가 없는 고객에게 이러한 접근을 하는 것은 서비스와 마케팅 모두에게 마이너스가 된다는 사실을 인지하여야 한다.

6) 서비스 내용의 데이터화

대부분의 회사에서는 정보시스템을 활용하여, 고객에게 어떠한 서비스를 제공하였고, 고객의 관심과 질문은 무엇이었으며, 특히 어떤 부분에 불만을 나타냈는지를 기록하여 데이터화한다. 이후 동일한 고객에게 서비스를 제공할 기회가 다시 생기면 시스템으로부터 이러한 내용을 컴퓨터 화면으로 제공받아 고객 응대와 서비스 제공에 활용한다.

7) 중요 사안의 공유

서비스 업무를 통하여 고객으로부터 확보한 중요한 정보(특정 상품의 선호도, 공통 불만 사항, 잘못된 프로세스, 시스템 에러, 홈페이지 오류 등)들을 서비스 부서 내의 직원들뿐만 아니라 다른 부서의 관계자와 공유하여 정보로 활용하거나 오류 등을 수정할 수 있도록 조치하여야 한다.

8) 정책 수립을 위한 정보 제공

신상품 개발, 서비스 전략, 영업 전략 등 회사의 중요한 정책 수립에 필요한 정보들이 서비스 활동 중에 파악되면 그 내용을 정리하여 관리자와 경영자에게 보고한다. 이러한 현장의 정보들은 지속적으로 회사의 정책 수립에 반영되도록 하여야 한다. 우문현답, '우'리의 모든 '문'제는 '현'장에 '답'이 있다는 이야기처럼, 고객과의 접점에서 확보한 정보를 활용하지 못하는 기업은 결코 경쟁에서 우위를 점할 수 없을 것이다.

서비스 활동의 성과 측정,
SMART와 2E

서비스 활동의 성과 측정이라고 해서 다른 경영 활동의 성과 측정과 크게 다르지 않다. 목표가 SMART(specific, measureable, achievable, realistic, timely)하게 설정되었다면 그 목표에 대응하는 성과의 측정도 그렇게 어려운 일은 아닐 것이다.

어떤 업무이든 성과의 측정에서 간과하지 말아야 할 것은 밸런스이다. 특히 효율(efficiency)과 효과(effectiveness) 간의 밸런스는 매우 중요하다. 실무에서 효율은 주로 수치를 기준으로 평가하고, 효과는 정성적인 방법으로 평가하고 있다. 혹시라도 코스트의 절감이 업무의 효과성을 해친다면 장기적으로 더욱 심각한 문제에 봉착할 수 있다.

성과 측정은 정량적인 측정과 정성적인 측정을 함께 요구한다. 시스템과 프로세스의 성과를 측정할 경우에는 정량적인 측정에 더 많은 비중을 두게 되지만, 서비스 직원 개인이나 조직의 성과를 측정할 때에는 정성적인 부분에 더 큰 비중을 두기도 한다. 일반적으로 평가자들은 정량적인 측정을 선호한다. 그 이유는 평가 자체가 용이하고 측정된 수치에 대한 피평가자들의 저항이 정성적인 부분보다 덜하기 때문이다. 이에 반하여 정성적인 평가는 평가 자체도 어렵지만 피평가자의 결과에 대한 수용성도 낮다는 단점이 있다. 하지만 정성적인 평가도 가능한 SMART하게 설정하고 평가한다면 그러한 부작용이나 반작용들을 감소시킬 수 있을 것이다.

성과 측정에서 정량적 평가는 업무의 결과를 수치로 표시하여 결과를 측정하는데, 신속성, 정확성, 수익성의 정도를 파악한다. 서비스 업무에서는 서비스 수준(service level)이라고 주로 표현한다. 컨택센터의 경우 전화 포기율(call abandon rate), 전화 응대 수준(20초 이내 응대 비율), 상담 및 업무 처리 시간, 업무 처리 오류 비율(error rate), 고객의 평가, 고객 민원 발생률 등으로 평가하고 있으며, 대면 서비스팀도 유사한 평가지표들을 이용하고 있다. 이러한 지표들은 서비스의 접근성, 적시성 그리고 서비스 품질을 나타내는 척도가 되는 것이다. 정성적 평가는 주로 QA(quality assurance) 평가, 관리자에 의한 평가 등으로 구성된다.

서비스의 성과 측정에서 서비스 조직 그 자체를 평가하는 방법으로 고객만족도 설문조사, 관찰과 모니터링, 서비스 시스템 및 프로세스의 평가, 미스터리 쇼핑 등의 방법을 이용하기도 한다. 고객만족도 실문조사는 서비스를 제공받은 고객들을 대상으로 설문조사를 시행하는 방법으로, 주로 전문적인 조사 기관의 도움을 받아 시행한다. 관찰과 모니터링 그리고 시스템과 프로세스에 대한 평가는 서비스 전문가의 리뷰를 통하여 수준을 측정하는 방법이다. 미스터리 쇼핑은 전문적인 평가자가 마치 고객인 것처럼 가장하여 서비스를 요청하고 그에 따른 일련의 서비스 활동들을 평기히는 방법이다.

서비스와
IT 기술

기업 활동의 다른 분야와 마찬가지로, 고객 서비스 분야 역시 IT 기술에 대한 의존도가 매우 높아지고 있다. 지금도 끊임없이 서비스 관련 IT 솔루션(solution)들이 새롭게 개발되어 도입되고 있다. 하지만 IT의 중요성이나 의존도가 높아진다고 하더라도 주객이 전도되어서는 안 된다는 것이 현장의 경험을 통하여 얻은 지혜이다. 해당 기업에 적합한 업무 프로세스의 개발이 우선이고, 그 다음으로 그 프로세스를 가장 적절하게 구현할 수 있는 IT 솔루션을 찾아서 프로세스를 효과적이며 효율적으로 운영할 수 있도록 전산화해야 한다. 물론 새로운 솔루션의 등장으로 업무 프로세스 자체를 변화 혹은 혁신시킬 수 있는 경우도 분명히 있다. 이러한 경우에도 새로운 솔루션의 기능을 충분히 이해한 후 그 솔루션의 기능을 고려한 업무 프로세스를 다시 구성하고, IT 아키텍처를 충분히 검토한 후 관련된 IT 솔루션들을 함께 검토하는 것이 타당한 접근 방법이다.

컨택센터에서는 인입된(inbound) 전화를 분석하여 적합한 서비스 직원에게 자동으로 연결하는 ICR(intelligent call routing) 시스템을 도입하고 있으며, 이와 유사한 방식으로 수신된 서비스 관련 이메일을 분석하여 자동으로 담당자에게 배부하는 이메일 관리 시스템도 이용하고 있다. 그리고 많은 컨택센터에서 사용하고 있는 자동통화배분시스템(automatic call distribution system)은 정해진 규칙에 따라 서비스 직원에게 전화를 배분하는 기능을 자동화하여 수행한다. 즉, 상담 시간이 적은 서비스 직원에게 우선적으로 배부되는 방식을 이용하거나, 균등 배부 방식과 같은 로직을 적용하여 인입된 통화를 배분하기도 한다.

상담 업무의 주요 내용을 표시하는 리더보드(readerboard)는 고객 상담에 관한 중요 데이터를 관리자 및 서비스 직원들과 공유함으로써 상황에 맞는 적절한 조치를 가능하게 하여 서비스 품질을 높이고 있다. 셀프서비스 기능을 제공하는 대화식 음성응답 장치인 IVR(interactive voice response)은 셀프서비스와 자동화를 결합시켜 상담원의 연결 없이 고객 스스로 필요한 서비스를 확보할 수 있도록 한 시스템이다.

서비스 직원에게 서비스 제공에 필요한 검색 기능을 제공하거나 의사 결정에 도움을 받을 수 있는 지식관리시스템(knowledge management system) 역시 활발하게 이용되고 있다. 오래전에 단종된 제품에 대한 질문이나 관련된 서비스의 요청을 받을 경우 지식관리시스템을 이용한 검색 기능의 도움 없이는 서비스를 제공하는 데 한계가 있다. 지식관리시스템에 어떠한 정보가 담겨 있는지가 서비스의 품질을 결정하는 중요한 기반이 되고 있다.

오늘날 인터넷은 우리의 삶에 깊숙이 자리잡고 있다. 서비스의 제공에서도 인터넷을 활용한 다양한 접근들이 이루어져 왔고 지금도 새로운 내용들이 개발되어 소개되고 있다. 기업의 웹사이트는 기업의 정보를 고객과 공유할 뿐만 아니라 고객과 소통하며 서비스를 제공하는 기능을 함께 수행하고 있으며, 웹 채팅, 웹 콜백 등도 보편화된 서비스의 형태로 자리잡고 있다.

이처럼 서비스 업무를 지원하는 데에는 이미 다양한 IT 기술들이 이용되고 있으며 계속 발전하고 있다. 최근에는 빅데이터와 인공지능을 활용하여 일차적인 서비스를 제공하는 기술을 고려하고 있으며, 이러한 진보된 기술로 기본적인 서비스가 제공될 수 있다면 서비스 직원의 서비스는 더욱 복잡하고 감성적인 터치가 필요한 쪽으로 이동할 것으로 예측된다. 지금도 대부분의 컨택센터에서는 1차 (1st line) 상담원이 기본적인 상담을 제공하고, 1차 상담원이 해결하기 어려운 문제이든지 혹은 상대하기가 매우 힘든 고객의 경우에는 더욱 숙련된 2차(2nd line) 상담원이 서비스를 제공하고 있다. 인공지능 기능을 활용한 서비스 기술이 정형화된다면 아마도 인공지능 기술이 1차 상담원의 역할을 대신하고 서비스 직원은 2차 상담원의 기능을 중점적으로 담당할 것 같다.

얼마 전 TV 프로그램에서 4차 산업혁명을 주제로 한 다큐멘터리 프로그램을 보게 되었다. 4차 산업혁명을 IT와 제조업의 연결로 설명하고 있었는데, 그중에서 건설 중장비를 제조 판매하는 Caterpillar 사의 사례가 흥미로웠다. 한마디로 요약하면 국내의 경쟁 기업과는 달리 Caterpillar 사에서 생산하는 모든 건설 중장비에는 부품에 센서가 부착되어 있다는 것이었다. 각 부품의 센스에서 감지하는 부품의 상태 및 운영에 대한 정보는 중장비에 부착된 컴퓨터 송신 장치로 인공위성을 통하여 본사의 데이터 센터로 실시간 전달된다. 이렇게 전달된 데이터는 분석되어 거꾸로 전 세계의 지사를 통해 개별 부품의 고장 가능성 혹은 기능 저하의 가능성이 있을 경우 고객에게 관련 정보를 전달하고 그에 적합한 사전 서비스(before service)를 제공한다. 이러한 사전 서비스를 통하여 중장비의 안전성과 지속적인 운용이 확보되고 사후 서비스의 가능성은 더욱 낮아지는 것이다. 중장비

고객(end-user)들은 이러한 사전 서비스를 통하여 고장으로 중장비를 가동할 수 없어서 발생하는 손해를 막아주는 효과와 중장비의 안전성 확보로 매우 만족하였다. 건설 경기가 나빠져 국내 중장비 기업들은 파국으로 달리고 있는 반면 Caterpillar 사는 시장을 더욱 확대하고 있는 것이다. 이것이 서비스의 힘이다. 어떤 서비스를 제공하는가에 따라 경쟁에서 승부가 갈라지는 시대에 살고 있다. 그리고 이러한 서비스를 가능하게 하는 데에는 IT의 힘, 즉 IT, 제품, 그리고 서비스의 협업(collaboration)이 핵심으로 작용한다.

앞으로도 계속 새로운 IT 기술은 개발되고 소개될 것이다. 새로운 기술에 대한 관심과 이해로 서비스 제공에 효율과 효과를 향상시키는 방안에 대하여 항상 시야가 열려 있어야 한다. 하지만 어떤 경우에도 프로세스가 우선이고 그 다음이 IT 기술이다. 신기술의 달콤함에 빠져 프로세스의 중요성을 놓치는 우는 범하지 말아야 할 것이다.

05

영원한 투캅스, 서비스와 영업

90년대에 공전의 히트를 친 영화 〈투캅스〉가 생각난다. 이 영화의 1편과 2편에서 안성기와 박중훈, 그리고 박중훈과 김보성은 서로 파트너 경찰로 열연한다. 이들처럼 서비스와 영업은 떼려야 뗄 수 없는 영원한 파트너 관계이다. '서비스 → 영업 → 서비스 → 영업'의 순환 구조처럼 서비스와 영업은 앞서거니 뒤서거니 하면서 서로를 이끌고 밀어주는 역할을 한다.

요즘은 서비스를 사전 서비스(before service)와 사후 서비스(after service)로 구분하여 서비스 전략을 수립하고 있다. 그 사이에 영업 활동이 존재한다고 보면 맞을 것이다. 서비스의 최종 결과물은 영업을 통해 나타나며, 영업 과정에서 고객에 대한 서비스는 필수적인 요소이다. 따라서 서비스를 이해하기 위해서는 영업에 대한 이해가 필수적이다. 영업은 서비스와 마찬가지로 현장에서 직접 고객과 접하며 경영 활동을 수행하는 것으로, 고객의 입장에서는 영업과 서비스를 하나의 기능으로 인식한다. 이런 점에서 영업에 관련된 이슈들을 서비스의 프레임을 이용하여 검토해보는 것은 상당히 의미 있는 일이다.

경쟁 상황의
극복

영업과 서비스에서 경쟁은 피할 수 없다. 다만 치열한 경쟁 때문에 경쟁의 함정에 빠지게 되면 윤리적인 부분을 간과하는 무리수를 두게 된다. 즉, 고객에게 불필요한 상품을 추천하거나 왜곡된 서비스를 제공하게 된다. 이러한 경쟁 상황에서의 영업 활동과 서비스 활동은 어떤 방향으로 가야 하며, 더불어 경쟁의 함정에 빠지지 않으려면 어떻게 해야 하는지를 생각해본다.

기업에서 강의 의뢰가 들어오면 저자는 반드시 교육의 니즈(needs)를 파악하기 위해 교육 대상자들과 사전 인터뷰를 진행한다. 이때 빠지지 않고 나오는 말이 있다. '신규 고객을 발굴하기가 너무 어렵다', '가격 경쟁력이 확보되지 않아 영업하기가 힘들다', '체계적인 영업을 하고 싶다', '고객과의 관계를 강화하는 방법을 알고 싶다'와 같은 말이 대표적이다. 이 외에도 현장에서 바로 활용 가능한 스킬에 대한 요구라든지, 경쟁 환경 분석에 대한 방법, 영업과 서비스의 전략 수립 방법과 같은 이슈들이 인터뷰에서 주로 나오는 이야기들이다.

현장에서 들려오는 이와 같은 어려움들은 치열한 경쟁에서 주어진 과제들이다. 경쟁이 없는 환경(독점 시장)에서는 이러한 말들이 나오지 않는다. 애석하게도 우리는 경쟁에서 한시도 자유로울 수 없다. 오히려 경쟁이 없는 시장은 존재의 이유를 찾기 힘들 정도로 경쟁은 우리와 매우 밀접하다. 치열한 경쟁에서 승리하기 위해서는 경쟁자보다 차별화된 나만의 뚜렷한 성장 동력이 필요하다. 하지만 결코 쉽게 찾아지지 않는다. 늘 수주 혹은 판매의 압박에 시달려야 하며, 고객의 지나친 서비스 요구에 응대해야 한다. 속된 말로 영업을 하면서 경기가 좋았던 적이 언제 있었던가! 그 상황 속에서 매년 매출 목표는 올라가고, 경쟁사의 가격 압력은 높아져만 간다. 덩달아 경쟁사에서 제공하는 새로운 서비스와 그들의 진화는 언제나 우리를 위협한다.

그러면 결코 만만치 않은 이러한 환경에서 우리는 어떻게 대응해야 하는 것일까?

활동을 기준으로는 전문성과 다양성을 높여야 한다. 이때 각각의 활동 기준에서 조직적 차원과 개인적 차원의 전략을 수립하고, 선택하여야 한다.

〈표 5-1〉 경쟁 상황에서의 전략

구분	조직의 전략	개인의 전략
전문성	• 컨설팅 기반 선(先)제안 활동 • 차별화 영역의 선택과 집중 • 지독한 집단 전문성 • 상품 및 서비스의 전문화	• 분야 및 산업의 전문가 • 관련 전문 지식 • 영업+서비스+기술+구현+컨설팅 역량 확보
다양성	• 상품 및 서비스 다양성 확보 • 지역 다양성 확보 • 판매 및 서비스 채널 다양화	• 접촉 고객 다양화 • 상품-서비스 역량 다양화

조직의 전문성을 높이기 위해서는 컨설팅 기반의 선(先)제안 활동을 적극적으로 KPI(key performance indicator, 핵심성과지표)에 반영하는 등 조직 차원의 지원과 평가가 선행되어야 한다. 또한 차별화 영역을 식별하고 해당 기업에 맞는 분야를 선택하여 집중하여야 한다.

개인의 전문성을 높이기 위해서는 자신이 판매하고 있는 상품이나 서비스가 속해 있는 산업 분야의 전문가가 되어야 한다. 흔히 이야기하는 스페셜리스트(specialist)가 되어야 한다. 또한 상품이나 서비스에 대한 기술적 전문 지식도 함께 높여야 한다. 이를 위해서는 단순한 영업적 역량 혹은 서비스 역량만을 보유해서는 안 된다. 영업과 서비스는 기본이고, 이 외에 기술이나 프로젝트에 대한 수행 역량, 컨설팅 역량을 함께 키워야 한다. 개인과 기업 모두가 지독한 전문성을 확보해야 한다는 것이다.

또 한 가지 고려해야 하는 것은, 자사의 상품이나 서비스를 전문화할 것인지 혹은 다양화할 것인지를 조직 차원에서 고민해야 한다는 것이다. 이러한 조직의 방향성이 중요한 이유는 조직이 자사의 상품이나 서비스를 전문화할 것인가 혹은 다양화할 것인가에 따라 고객접점 부서인 영업과 서비스 부서를 포함한 조직의 세부 기능들의 방향이 함께 달라지기 때문이다.

다양성 측면에서는 상품이나 서비스의 다양성과 더불어 지역이나 판매 및 서비스 채널의 다양성을 함께 고려해볼 수 있다. 다양성의 폭을 넓히기 위해서는 영업과 서비스 담당자 개인의 노력에 더해 조직의 전략적 선택과 지원이 필수적이라 할 수 있다. 상품이나 서비스를 다양화하기 위해서는 영업과 서비스 부서뿐만 아니라 마케팅이나 신제품 개발 부서, R&D 부서 등의 적극적인 동참이 필요하다. 고객과 가장 밀접한 현장에 있는 영업과 서비스 조직에서 아이디어를 제시하고, 이를 체계적으로 관리하는 프로세스를 수립해야 한다. 조직의 통합적 관점에서 새로운 상품이나 서비스에 대한 아이디어를 수용할 수 있는 조직을 구축해야 한다.

지역의 다양화는 기존 상품이나 서비스를 통해 달성한 경제적 이익을 토대로 새로운 지역으로의 확대를 의미한다. 지역의 다양화는 시간과 비용이 상대적으로 많이 소요되는 신규 사업과 같다고 할 수 있다. 그러므로 섣부른 판단보다는 기존 사업과의 가치 공유가 가능한지를 충분히 검토하고 경제적 효과까지 고려하여 추진해야 한다. 많은 현장 담당자들이 기존의 판매 및 서비스 방식으로 기존 고객을 중심으로 업무를 전개하고 있다. 기존 고객을 통한 재판매는 영업뿐만 아니라 기업 차원에서도 매우 중요한 가치를 갖는다. 하지만 기존 고객이 포화 상태에 이르는 성숙 단계에서는 판매 채널의 다양화를 통해 기존 고객을 새로운 고객으로 재해석할 수 있도록 해야 한다. 이런 점에서도 서비스와 영업은 영원한 파트너일 수밖에 없는 것이다. 예를 들어 오프라인 판매에 집중했던 방식을 온라인으로 확대하여 판매가 가능한지에 대해 검토해볼 필요가 있다. 이 경우 오프라인 판매와 온라인 판매는 전혀 다른 판매 방식과 서비스 역량을 필요로 하기 때문에 동일한 상품 콘셉트(concepts)를 그대로 유지해서는 안 된다.

I 제약회사는 자사의 경쟁력인 전문의약품의 개발과 판매에 집중해야 한다는 전략적 결정을 내렸다. 이와 동시에 지역적 다양성에

대해 고민하고 국내 영업 채널에 집중하되, 해외 수출을 통해 위험을 분산하는 전략을 수립했다. 또한, 전문의약품과 더불어 일반의약품 및 화장품과 같은 의약품 이외의 상품을 다양화하는 전략을 선택했다. I 제약회사의 매출을 분석해본 결과 이러한 전략적 선택은 결과로 명확히 드러났다. 2013년 대비 전문의약품은 4.5%p, 일반의약품은 7.8%p, 수출은 15.3%p, 기타 매출은 14.3%p 증가한 것이다. 이는 전문의약품 및 국내 영업에 집중함과 동시에 일반의약품, 기타 상품 및 해외 영업의 매출을 다양화한 전략의 결과로 해석할 수 있다. 다시 말해 I사는 전문성과 국내 영업의 기반을 튼튼히 한 후에 시장과 제품의 다양성을 통해 경쟁에 유연한 기반을 확보한 것이다.

고객과의 접점을 형성하는 영업과 서비스 직원은 접촉 고객을 다양화해야 한다. 지역에 따른 접촉 고객을 포함해서, 확장이 가능한 산업군을 대상으로 고객을 다시 식별하여 고객의 범위를 확대하여야 한다. 동시에 자사가 다루는 상품이나 서비스에 대한 전문 지식을 포함한 업무 역량도 넓혀야 한다. 예를 들어 보자. 저자는 얼마 전 가전판매 대리점을 방문했다. 그 대리점에는 네 명의 직원이 근무하고 있었는데, 취급하는 제품에 따라 전문 상담 직원이 따로 배정되어 있었다. 그런데 유독 한 명의 식원은 3~4가지의 가전제품에 대해 해박한 지식을 가지고 있었다. 그래서 이 직원은 제품에 대한 기술적 지식을 바탕으로 다른 직원보다 높은 판매 실적을 올리고 있었다. 다양한 제품을 판매하는 대리점 입장에서는 한 명의 직원이 여러 제품을 취급할 수 있으니 당연히 인건비를 절약할 수 있다는 장점이 존재한다. 만약 네 명의 직원이 모두 이와 같은 수준이라고 한다면, 고객은 담당자를 옮겨 다니면서 상담을 받을 필요가 없게 되고, 결국 고객만족도 또한 올라갈 것이다. 실제로 저자는 노트북과 청소기에 대한 상담을 한 명의 해당 직원에게서 친절하게 받을 수 있었다. 현장에서 발생하는 경쟁력의 차이는 이처럼 담당 직원의 개인적인 역량에서 오는 경우가 많다. 그렇기 때문에 조직은 현장 담당자 개인이 자신의 분야를 확장하고 새로운 전문 지식을 습득할 수 있는 적절한 교육 체계를 마련하여야 한다.

지금까지 살펴본 경쟁 상황하에서의 영업과 서비스에 대한 전략은 전문성과 다양성을 기반으로 기업과 개인이 어떤 방향을 선택해야 하는지에 관한 것이다. 중요한 것은 조직과 개인은 전문성이나 다양성 중 하나의 전략적 방향을 선택할 수도 있으며, 두 전략을 동시에 추구하는 선택을 할 수도 있다. 이때 조심해야 하는 것은 전문성도 다양성도 아닌 중간 지점에 애매하게 포지셔닝(positioning)하는 것이다.

전문성과 다양성, 혹은 두 방향의 균형 있는 전략 선택은 조직 차원에서 결정된다. 상위 조직에서 전략에 대한 결정을 내리기 위해서는 고객과의 접점에서 일하는 현장팀을 포함한 관련 조직과의 공감이 선행되어야 한다. 또한 실행을 위한 세부 사항들에 대한 검토가 함께 이루어져야 한다. 뿐만 아니라 전략 방향에 대한 선택과 성공적인 정착을 위해서는 발전적 경쟁을 전제로 한 협업 지향적 조직 문화가 요구된다. 발전적 경쟁은 현장 조직 간, 다른 기능 조직 간의 경쟁을 통해서 조직 전체의 역량을 높일 수 있는 건전한 경쟁 방식이어야 한다.

국내 대표 가전 업체인 삼성전자와 LG전자는 TV, 냉장고, 세탁기에서 과열 경쟁을 반복하며 자존심 싸움을 하고 있다. 그럼에도 불구하고 과열 경쟁 속에서 두 기업은 상호 역량을 발전시키는 효과를 가져왔다. 겉으로 드러나는 신경전은 차치하고 두 기업이 기술을 통한 경쟁을 하였음은 의심할 바 없다. TV에서는 화질과 두께의 기술 혁신을, 냉장고와 세탁기에서는 용량의 기술 혁신을 통해 세계 가전 시장에서 일본과 미국을 넘어섰다. 그런데 여기서 한 가지 생각해봐야 할 것이 있다. 만약 이 두 기업이 기술과 A/S를 통한 자존심 싸움을 벌이지 않고 가격 경쟁을 선택했다면 어떠했을까? 두 기업이 기술 혁신이나 서비스 혁신이 아닌 가격으로 경쟁을 했다면, 매출을 늘리기 위한 판매의 압박에 시달렸을 것이다. 또한 시장에서는 경쟁력 있는 제품을 선보이는 지금의 위상과는 달리 일본이나 미국 제품보다는 저렴하고 중국 제품보다는 품질이 좋은 중급 제품을 만드는 회사로 인식되었을 것이다.

영업은 치열한 경쟁을 통해 영업 성과를 달성해야 한다. 하지만 그 경쟁에는 가격보다 가치 있는 그 무엇이 있어야 한다. 만약 상품이나 서비스의 가치 경쟁력을 높이기 위한 경쟁이 아닌 단순 경쟁에 몰리면 기업은 전략적 방향을 선택하지 못하고 힘겹에 빠지기 쉽다. 판매와 매출의 함정, 기존 방식의 함정, 구매 강요의 함정이 그것이다.

숫자와
평정심

기업이 숫자, 즉 매출액과 당기이익의 함정에 빠지게 되면, 영업과 서비스 활동을 진행하는 과정에서 자신의 힘만으로 되지 않는 상황에서도 타인이나 타 부서와 협업을 하지 않는다. 그래서 경영 실적에 관련된 숫자를 만나게 되면 좀 더 냉정해져야 하고 평정심마저 요구된다. 특히 B2B 영업의 경우에 있어서는 현장 조직 간의 협업이 필요하거나 기술 지원 조직, 구매 조직, 연구 개발 조직의 협조가 절실한 경우가 많다. 이런 경우에서조차도 자신이 확보한 정보를 숨기며, 공유하지 않는다. 협업을 통해서 조직 전체의 성과를 늘리는 것에 집중하지 못한다. 오히려 자신의 숫자, 자기 조직의 숫자에 몰입하게 된다. 결과는 자신의 숫자도 늘지 않고, 조직 전체의 숫자도 개선되지 않는다. 그럼에도 불구하고 타인의 도움을 받지 않으려는 악순환은 계속된다. 자신의 실적을 타인이나 다른 현장팀이 가로챌지 모른다는 불안감에서 오는 그릇된 생각을 하기 때문이다.

A사는 몇 개의 영업팀이 동일한 서비스를 기업이나 정부를 대상으로 영업을 하는 구조를 갖고 있다. 개별 팀은 팀장을 포함해 4~6명으로 구성되어 있고, 각 팀의 팀장이 대부분의 영업을 담당한다. 나머지 팀원들은 프로젝트 수주 이후에 이행(implementation)을 하고, 보고서를 고객사에 인도(delivery)하는 절차를 수행한다. 이런 구조하에서 때로는 한 고객사를 두고 여러 팀들이 내부적으로 경쟁을 한다. 이 과정에서 팀 간에 갈등과 경쟁의 상황이 조성된다. 예를 들어

한 고객사에서 2개의 프로젝트가 발주가 되면, A사의 2~3개 영업팀이 협업을 통해 해당 프로젝트를 모두 수주하기보다는 각기 다른 경로와 방식으로 수주 경쟁을 벌인다. 고객사에서 이런 A사의 영업 방식을 이해하지 못하는 웃지 못할 상황이 발생하는데도 말이다.

실제로 A사의 경우 자신들의 기술 역량을 높이는 것보다는 가격과 제공하는 서비스의 범위를 맞추는 식의 영업을 진행하고 있다. 상황이 이렇게 된 것은 팀 간의 경쟁을 통해 판매를 높이고자 했던 경영층의 의사 결정이 실효를 거두지 못하고 부정적인 방향으로 흘렀기 때문이다. 결과적으로 팀 간의 경쟁이 치열하다 보니, 팀장의 권한이 강해지고 이를 경영층에서 통제하지 못하는 지경에 이르렀다. 또한, 해당 분야에서 어느 정도 역량을 키운 팀장은 팀원들을 규합해서 별도의 회사로 분사하는 경우가 많았다. 이러한 상황을 해결하기 위해 경영층은 영업 조직과 이행 조직을 별도로 분리하고자 하였으나 팀장들의 강한 반발로 이마저도 어렵게 되었다.

기존 방식의
늪

기업이 첫 번째 함정인 '숫자의 함정'에 빠지게 되어 평정심을 잃어버리면 새로운 방식을 찾거나 기존의 방식에서 개선해야 할 사항에 대해 고민하지 못한다. 우선 당장 매출을 올려야 하고, 판매 실적을 올려야 하기 때문에 기존의 영업 방식에만 의존하게 된다. 이는 마치 가수나 작곡가가 노래를 부르는 방법이나 작곡에 대한 공부를 하지 않고 노래나 작곡을 하는 것과 같다. 일정 수준의 역량이 있는 사람이라면 노래를 부르는 법을 체계적으로 배우지 않아도 일반인 들보다 노래를 잘 부를 수 있다. 또 작곡에 소질이 있는 사람은 어느 정도 작곡을 할 수 있다. 하지만 딱 거기까지이다. 아마추어 수준에 서 머물게 된다. 영업이나 서비스도 마찬가지이다. 현재의 방식에 대해 고민하고 새로운 방법을 배우지 않아도, 영업을 하고 서비스를 제공할 수 있다. 하지만 불행하게도 높은 성과를 지속적으로 달성할 수는 없다. 다시 말해, 기업이 기존 방식의 늪에 빠지게 되면 새로운 방식을 배우거나 연습하지 않는다.

저자는 2015년 9월 2일부터 12일까지 '최근의 영업 전략'에 대한 저자의 강의를 들은 41명의 현업 실무자를 대상으로 설문조사를 실 시하였다. 어떤 영업 활동이 영업 성과에 영향을 미치는지에 대한 인식 조사였다. 응답자의 평균 경력은 13.8년이었고, 직접 영업을 수행한 경력은 평균 5.4년이었다. 분석 결과 새로운 판매 및 수주 방 법 발굴이 영업 성과에 영향을 미친다는 답변은 5점 척도에서 평균 4.1점으로 분석되었다. 서비스 활동을 통하여 고객 충성도를 높이는 활동이 영업 성과에 중요하다고 응답한 경우는 4.46점, 고객과의 관 계를 강화하는 것이 중요하다고 응답한 경우의 평균 점수는 4.44점 으로 상대적으로 매우 높게 나타났다. 많은 영업 담당자는 기존 고 객과의 관계를 강화하고 충성도를 높이기 위하여 서비스의 활동에 중점을 두고 영업 활동을 수행한다. 신규 고객이나 잠재고객을 발굴하고, 새로운 판매 및 수주 방법을 발굴하며, 기존 고객을 지속적으로 만족시킬 수 있는 서비스 활동에 균형을 갖는 것 또한 치열한 경쟁 속에서 기존 방식의 늪에 빠지지 않는 것임을 잊지 말아야 한다.

강요의
부메랑

기존 방식의 늪에 빠지면 새로운 시각을 잃어버린다. 눈이 있어도 보지 못하는 것과 같다. 보지 못하다 보니 활동성과 유연성이 현저히 떨어지게 된다. 다양한 사고와 깊이 있는 고민을 하지 못하게 된다. 이때 서비스는 파트너로서의 존재감을 잃게 된다. 결국 고객에게 무엇이 필요한가를 고민하기보다는 나도 모르게 고객에게 강요를 하게 된다. 이때의 세일즈 토크(sales talk)는 매우 단순하다. "우리 제품 너무 좋아요. 구매하시면 절대 후회하지 않으실 겁니다"로 일관한다.

흔히 보험이나 자동차 판매를 영업 중에서노 가장 힘든 영업이라고 말한다. 그만큼 판매에 대한 부담도 크고, 경쟁도 치열하다. 고객들의 마음을 쉽게 열 수 없는 분야이기도 하다. 특히 저성과 영업 직원들이나 영업 경험이 많지 않은 이들은 실적을 올리기 위해 가장 먼저 지인들을 통해 영업을 시작한다. 이런 영업을 하는 사람을 주변에서 한 번쯤은 보았을 것이다. 이런 영업은 결국 지인을 통해 판매를 하다가 지인들과의 관계도 해치게 되고, 아는 사람이 소진되면 무리한 방식을 사용하게 된다. 본인이 구매를 하거나 계약을 체결하고, 이후 적당한 구매자를 찾아 밀어내기를 하는 것이다. 이런 일이 반복되면 부채가 눈덩이처럼 불어나고, 개인은 물론 사회적인 이슈로까지 확대된다. 전형적인 구매 강요의 부메랑 현상이라 할 수 있다.

이제 영업은 이러한 잘못된 방식의 함정에서 벗어나야 한다. 그러기 위해서는 몇 가지 자신만의 기준을 세우고 스스로 함정에 빠지지 않도록 다른 방식으로 접근해야 한다. 투캅스에서 파트너인 안성기를 컨트롤하던 박중훈처럼 이러한 상황을 컨트롤하기 위해서 서비스는 진정으로 파트너의 역할을 다하여야 한다. 영업과 서비스는 영원한 파트너라는 사실을 인식하고 함께 가는 방법을 찾아야 한다. 멀리 가려면 함께 가야 한다.

여기서 여섯 가지 단계를 통해 영업 활동에서 만날 수 있는 여러 가지 난관들을 극복하는 방법을 제시하고자 한다.

1단계: 영업 활동에서 어떤 서비스를 고객에게 전달하는지 뚜렷하게 목적을 정의해야 한다.

2단계: 나의 상황과 나의 내면을 성찰해야 한다.

3단계: 경쟁력을 강화할 수 있는 나만의 차별화 영역을 수립해야 한다.

4단계: 그러기 위해서는 경쟁의 방식을 바꾸어야 한다.

5단계: 그런 다음, 진심을 다해 내가 아닌 고객에게 솔루션을 제안하고 영업해야 한다.

6단계: 이제 탁월한 태도로 실행, 실행, 실행해야 한다.

위에서 제시한 단계를 다음에 소개하는 영업 담당자의 사례를 통해 이해해보자.

① 뚜렷한 목적의 정의

방송인이나 아나운서를 교육시켜 배출하는 방송 컨설팅 회사의 영업 담당자는 자신이 수행하는 영업 활동에 대해 뚜렷한 목적의식을 지니고 있었다. "나에게 영업이란 '양육이라는 서비스'이다"라고 영업을 정의한다. 단순히 아나운서 지망생을 모집하는 활동이 아닌 마치 어린아이를 보살피고 교육시켜, 훌륭한 어른으로 성장할 수 있도록 하는 양육 활동에 자신의 사명을 투영한 것이다.

② 상황과 내면의 성찰

이 영업 담당자는 원래 산업공학을 전공했다. 이후 재무/회계 관련 공부를 했고, IT 기업에서 근무하기에 이르렀다. 하지만 현업에 있는 내내 자신과 맞지 않는 옷을 입고 있다는 느낌이 들었고, 결국 자신이 하고자 하는 일을 찾아 나서게 되었다고 한다.

③ 차별화 영역의 수립

이후 지금의 방송 컨설팅 회사에 입사하면서 자신이 공부했던 분야를 접목시켰다. 산업공학을 전공하면서 습득한 IT 기술을 활용해 인터넷 기반의 홍보 기획을 직접 수립할 수 있었으며, 재무/회계에 대한 지식을 영업 활동을 넘어서 회사의 전 범위에 활용하였다.

④ 경쟁의 방식과 고객 지향적 접근

이제 찾아오는 방송 아나운서 지망생을 무조건 받아들이지 않고 그들의 가능성을 이해하기 시작했다. '양육 서비스'라는 뚜렷한 목적 덕분에 가능한 것이었다. 그저 똑같은 방식이 아닌 코칭을 통해 그들의 재능을 끄집어내고 가장 적합한 분야와 훈련 방식을 적용하기에 이르렀다.

⑤ 실행

이 영업 담당자는 자신이 스스로 창업자가 되어 영업에서 얻은 노하우와 IT 기반의 홍보 방식, 재무/회계 지식을 충분히 활용하여 카페 운영에 적용하기에 이르렀다. 결국 남들과 같은 방식으로 남들과 같은 경쟁의 틀에 자신을 가두지 않고, 자신만의 영업과 서비스 방식으로 삶을 개척한 것이다.

거창한 전략적 분석 방법론을 활용하지 않더라도 좋다. 치열한 경쟁의 압박에서 잠시 벗어나 생각의 길을 열어보기 바란다. 내가 지금 잘못된 길로 들어선 것은 아닌지, 함정에 빠져 있지는 않은지, 만약 그렇다면 어떻게 빠져나와야 할지 생각해보아야 한다. 그리고 경쟁과 판매의 부담 속에서 매출을 어떻게 올릴지 '걱정'만 하지 말고 새로운 방식을 '모색'해보기 바란다. 영업에서 풀리지 않는 난관을 만나면 파트너인 서비스에게 새로운 길을 물어보는 것도 하나의 방법이 될 것이다.

2부

서비스가
지속 성장을
결정한다

앞에서도 언급했듯이 많은 사람들이 서비스에 대하여 오해와 착각을 하고 있다. 저자 스스로도 그랬음을 인정한다. 지금도 현장에서 서비스를 주제로 회의를 진행하다 보면 친절, 미소, 예절, 민원 해결 등과 같이 과거 선배들로부터 전해 들은 이야기들을 주요 논제로 두고 열변을 토하는 것을 볼 수 있다. 서비스는 결코 그런 것이 아니다. 고객의 입장에서 보면 서비스는 문제 해결을 위한 솔루션(solution)이고 그 솔루션이 전달되는 과정(process)이다. 경영의 관점에서 보면 서비스는 투자이면서 기업의 수익(revenue)과 이익(profit)을 창출하는 핵심 기능이다. 서비스를 단순히 운영 업무의 일부로 혹은 회사의 명성 리스크(reputation risk) 관리를 위한 기능으로 축소해서는 안 될 것이다. 개별 기업의 생존과 성장에 결정적인 영향을 미치는 핵심 경영 활동임을 인지해야 할 것이다.

서비스-수익 체인 모델은 평소에 고민해왔던 서비스에 대한 근본적인 의문점을 해결해주고 나아갈 방향을 명확하게 제시해주었다. 서비스-수익 체인 모델을 이해하게 되면 서비스 활동에 무엇이 필요하며 또 어떠한 경로로 경영성과에 절대적인 영향을 미치게 되는지를 알게 될 것이다.

06

서비스-수익 체인
모델

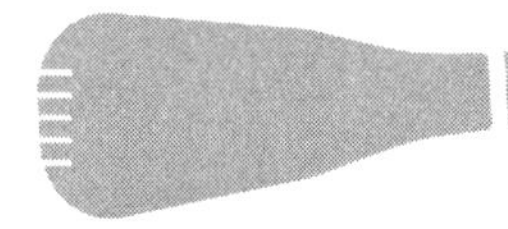

서비스와
경영성과

서비스 활동과 영업 활동은 기업경영에서 핵심적인 활동이다. 이들의 활동 대상은 모두 소비자인 고객이며, 고객과의 접점에서 활동이 일어난다. 그러므로 서비스와 고객만족은 기업의 생존과 성장을 위한 필수적인 요소로 이해된다.

우리나라에서는 1990년대부터 대기업을 중심으로 고객만족 경영이 시작되었고, 이러한 과정을 통하여 서비스와 고객만족은 기업의 경영자, 관리자, 직원, 그리고 소비자들에게 직접 혹은 간접적으로 이미 중요한 경영 요소로 이해되고 있으며, 경영학자들에게는 지속적으로 연구의 과제가 되어왔다.

많은 기업과 조직에서 고객 서비스 혹은 고객만족을 기업의 미션이나 장기적 전략으로 채택하고 있다. 하지만 현장에서는 단기적이며 계량적인 성과 요소라고 할 수 있는 시장 점유율, 매출액, 당기순이익 등에 최고 경영층의 관심이 우선하고 있다. 그러다 보니 서비스나 고객만족에 관련된 과제들은 차순위의 전략 과제로 밀리거나 무늬만 있는 구색 갖추기의 과제로 경영 계획의 한구석을 차지할 뿐이다.

우리나라 최고경영자의 재임 기간이 미국에 비하여 절반 정도밖에 안 된다는 사실을 감안한다면 가시적인 경영성과가 실현될 때까지 상당한 시간이 소요되는 서비스 관련 과제들을 우선순위에 두지 못하는 현실을 이해할 것도 같다. 더욱이 충성고객(loyal customer)으로부터 미래의 기간에 걸쳐 얻을 수 있는 장기적인 현금흐름(cash flow)을 회계적으로 인식할 수 없는 현행의 기업회계기준은 경영자들로 하여금 어디에 우선순위를 두어야 할지를 넌지시 알려주고 있다.

우리나라의 산업별 생산구조를 살펴보면 서비스 산업이 이미 60% 가까이 차지하고 있으며, 매년 갈수록 그 비중이 증대되고 있다. 그리고 고객 서비스가 기업 가치에 미치는 영향을 조사한 결과에 의하면, 제조업보다 서비스 기업에서 그 영향이 더 큰 것으로 나타나고 있나. 그래서 많은 서비스 기업에서 고객 서비스에 대한 심도 있는 연구와 함께 고객만족이 경영성과에 어떻게 영향을 미치는가를 알아내기 위해 노력하고 있다.

고객만족과 경영성과에 관련된 많은 연구들 가운데, '서비스-수익 체인(Service-Profit Chain, 이하 S-PC)' 모델은 근무 환경과 여건, 직원 만족도, 직원 충성도, 생산성, 서비스 가치, 고객만족도, 고객 충성도, 경영성과 등 서비스 활동에 관련되는 다양한 요인들을 종합적으로 분석하여 연결한 것으로, 서비스 기업들에 대한 방대한 사례를 바탕으로 분석한 것이다.* S-PC 모델은 서비스의 준비 단계부터 최종 결과물인 기업의 경영성과에까지 이르는 프로세스에서 중요한 역할을 하는 요소들을 연결하여 설명하고 있어 학계에서뿐만 아니라 현장의 실무자들도 많이 활용하고 있는 모델이다. 물론 S-PC 모델은 미국의 기업들을 중심으로 연구한 결과물이지만 우리 기업들, 특히 서비스 기업에 잘 적용될 수 있는 모델이다. 기업의 경영자나 서비스 담당 책임자들이 S-PC 모델을 충분히 이해하고 실무적으로 활용한다면 실질적으로 많은 도움을 얻을 수 있을 것이다.

서비스-수익 체인
모델

S-PC 모델은 마케팅 혹은 서비스를 전공하는 학자들뿐만 아니라 현장에서 서비스 업무를 담당하고 있는 실무자들에게도 많이 소개된 모델이다. 모델의 내용을 들여다보면 실무적으로 많이 활용할 수 있는 모델임을 알 수 있다. S-PC 모델이 제시되기 전까지는 서비스

---

* Heskett, J. L., Sasser, W. E., and Schlesinger, L. A. (1997), The Service Profit Chain: How Leading Companies Link Profit and Growth to Loyalty, Satisfaction, and Value, The Free Press.

프로세스 중의 특정한 요인이 경영성과에 어떠한 영향을 미치는가
에 대해 주로 고민해왔다. 하지만 S-PC 모델은 기업이 서비스를 제
공하기 위해서 사전에 준비해야 하는 서비스의 준비 활동, 서비스를
직접 전달하는 서비스 직원, 서비스를 공급받는 고객, 고객에게 전
달되는 서비스의 가치 등의 요인들과 기업의 경영성과인 수익
(revenue)과 수익성(profitability)을 함께 연결하여 종합적으로 설명하고
있다. 즉, S-PC 모델은 운영(operation), IT, 인사관리, 마케팅, 고객 서
비스, 재무 등 경영의 주요 기능들이 독립적으로 혹은 서로 연결되
어 작용하는 현상을 설명한다.

즉, S-PC 모델은 서비스를 제공하기 위한 운영(operation) 체계, 프
로세스, 서비스 직원의 만족도와 충성도, 서비스 가치, 고객의 만족
도와 충성도를, 가장 핵심적인 경영성과라고 말할 수 있는 수익
(revenue) 및 수익성(profitability)과 연결하여 제시한다. 이러한 관점에서
S-PC 모델은 그 태생에 있어서 운영관리, 마케팅, 인사관리, 서비
스, 회계, 재무관리 등 경영학의 여러 분야로부터 많은 도움을 받았
다고 보여진다. 결국 S-PC 모델은 서비스 조직의 성과를 개선하기
위하여 개발된 것으로 경영학의 여러 부문들이 융합되어 만들어진
모델이라고 설명할 수 있나.

S-PC 모델은 1994년 헤스켓(Heskett) 교수와 동료 학자들이 하버드
비즈니스 리뷰(HBR, Harvard Business Review)에 발표한 'Putting the Service-
Profit Chain to Work'를 출발점으로 볼 수 있다. S-PC 모델의 발표
이전에도 품질, 종업원 만족, 고객만족 등과 같이 서비스의 제공과
관련된 요인이 기업의 경영성과에 어떻게 영향을 주는가에 대한 연

구 조사는 관련 학자들을 중심으로 지속적으로 진행되어왔다. S-PC 모델은 많은 서비스 기업들과 조직들에 대한 방대한 케이스들을 분석한 후, 서비스의 전달 과정에 관련되는 대부분의 요소(서비스 준비, 서비스 직원, 서비스 가치, 고객)들을 연결하여 기업의 경영성과에 영향을 주는 요인과 경로로 분리하여 설명한다. 1994년 HBR에 발표된 모델을 보완하여 1997년에 단행본 *The Service-Profit Chain*(The Free Press, New York)이 발간되면서 현장의 경영자와 실무자들도 많은 관심을 갖게 되었다.

S-PC 모델이 완성되기 전까지 앞서 연구한 다양한 분야의 연구와 조사들이 S-PC 모델의 출현에 밑거름이 되었다. 운영관리(operation management), 마케팅, 인사관리(HRM), 서비스 관리(service management)와 같은 관련 분야의 연구에서 많은 부분을 차용하였다.

S-PC 모델은 지속적으로 이익을 창출해왔던 Southwest 항공, USSA 보험, British 항공, Xerox, Bugs Burger, Shouldice 병원, Taco Bell, AT&T Universal 카드와 같은 기업들을 조사하고 분석하여, 서비스를 중심으로 해당 기업들의 경영성과를 정리하고 설명하였다. S-PC 모델은 먼저 내부고객을 만족시키고, 만족한 내부고객을 통하여 외부고객을 만족시키며, 최종적으로는 기업의 경영성과 중 가장 중요한 요소인 성장과 이익으로 연결하는 일련의 흐름으로 정리하였다.

S-PC 모델은 서비스 기업을 포함한 여러 기업들에게 운영관리에 관련된 투자(operational investment), 고객의 인식(customer perception), 그리고 경영 이익(bottom line) 사이의 복잡한 상호관계에 대한 최소한의 가이

드라인을 제공해준다고 볼 수 있다. 즉, S-PC 모델은 서비스 운영(service operations), 직원의 평가(employee assessment), 고객의 평가(customer assessment)를 기업의 성과(revenues and profitability)와 연결시킨 구조라고 이해해도 좋을 것이다.

서비스-수익 체인 모델에서 제시하는 요인과 경로

헤스켓 교수와 그의 동료 연구자들은 먼저 Southwest 항공과 같이 성공적으로 서비스를 제공하고 있는 조직들에 대하여 방대한 조사를 시작하였다. 이어서 조사를 통하여 확보된 자료들을 심도 있게 분석하여 조사 대상 기업들의 경영성과의 원인을 S-PC 모델로 정리하였다. 20개 이상의 거대 서비스 기업과 조직들로부터 다양한 자료들을 수집하여 기업의 경영성과를 결정하는 요인들과 경로들을 모델에서 제시하였다.

S-PC 모델은 서비스 기업에서 갖추어야 하는 서비스 준비 수준과 이후 고객에게 서비스가 전달되는 과정을 중심으로 설명한다. 하나씩 살펴보면, 기업의 내부서비스 품질(internal service quality)은 직원의 만족도(employee satisfaction)에 영향을 미치며, 직원의 만족도는 직원의 충성도(employee loyalty)에 직접적으로 영향을 준다. 직원의 충성도는 직원 생산성(employee productivity)에 영향을 미치게 되고, 직원 생산성은 결국

고객에게 전달되는 서비스의 가치(service value)에 영향을 미친다. 그리고 서비스 가치는 고객의 만족도(customer satisfaction)에 영향을 미치며, 고객의 만족도는 고객의 충성도(customer loyalty)에 영향을 미치게 되며, 고객의 충성도는 기업의 성장(revenue growth)과 수익성(profitability)으로 연결된다고 정리하고 있다.

S-PC 모델은 직원의 만족과 충성이 고객의 만족과 충성으로 전환되어 경영성과를 향상시키게 된다는 '고객만족거울(customer satisfaction mirror)'의 효과와 같은 맥락을 가지고 있다. 프레드릭 테일러(Fredrick W. Taylor)가 과학적 관리법에서 언급한 "직원의 번영(prosperity of employee)이 있어야만 사용자의 번영(prosperity of employer)이 보장되며, 사용자의 번영을 통해 직원의 번영이 가능하다"는 내용도 어떤 형태로든 S-PC 모델에 영향을 주었을 것으로 생각된다.

S-PC 모델의 출발점인 내부서비스 품질의 결정 요소로 작업장 설계, 직무 설계와 의사 결정권, 인력 선발과 인력 개발, 보상과 인정, 정보와 커뮤니케이션, 서비스 제공을 위한 적합한 수단(tool) 등 서비스의 전달을 위해 사전에 준비되어야 할 전반적인 내용들을 제시하고 있다.

1994년에 발표된 최초의 모델에서는(〈그림 6-1〉 참조) 단계별로 한 방향으로 성과 경로의 흐름을 설명하였으나, 1997년에 발간한 단행본에서는(〈그림 6-2〉 참조) 내부서비스 품질(internal service quality)을 업무 활동의 내부품질(internal quality of work life)로 내용을 좀 더 구체화하였고, 업무 역량과 직원 만족도, 업무 역량과 서비스 품질, 생산성/산출물 품질과 서비스 품질, 생산성/산출물 품질과 직원 충성도, 직원 만족도와 직원 충성도는 서로 간에 영향을 주는 것으로 추가하여 설명한다.

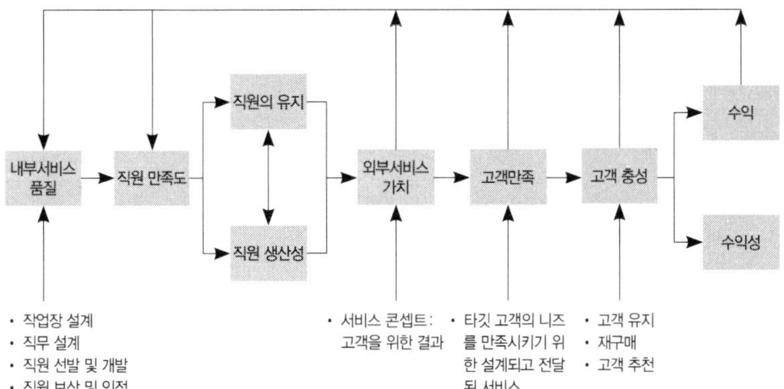

〈그림 6-1〉 서비스-수익 체인 모델 (1994)

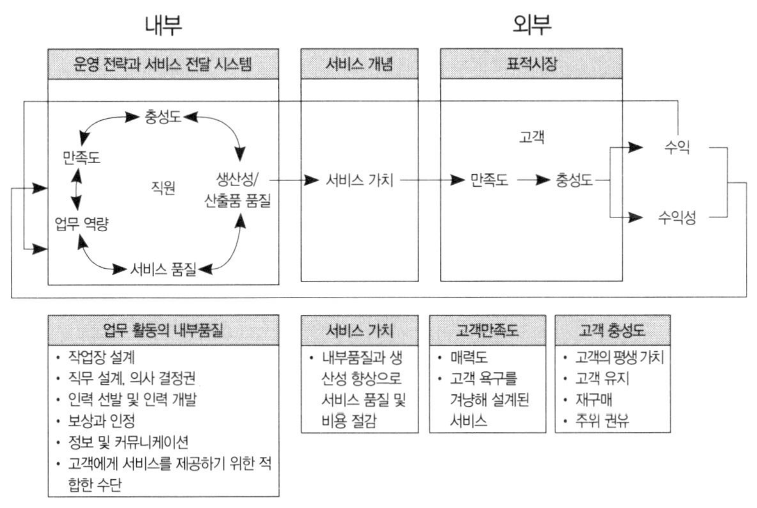

〈그림 6-2〉 서비스-수익 체인 모델 (1997)

서비스 가치는 고객이 획득한 서비스 품질과 고객이 지불한 서비스 비용의 비교치로 설명된다. 업무 활동의 내부품질과 생산성의 향상이 이루어지면 서비스 품질은 향상되며 또한 서비스 비용을 줄일 수 있다. 고객만족도는 매력도와 고객 욕구를 만족시키기 위하여 설계된 서비스로 설명할 수 있으며, 고객 충성도는 고객의 유지(retention), 재구매(repurchase), 추천(referral) 등으로 표현된다. 고객 충성도는 고객의 평생가치(customer lifetime value)를 결정하는 중요한 요소가 된다. 그리고 고객 충성도는 매출의 증가와 수익성의 향상이라는 기업의 경영성과로 귀결된다.

서비스-수익 체인 모델에 대한 비판적 의견

S-PC 모델에 대한 비판적인 반응은 현장의 실무자들에 의한 비판이 아니라 대부분 학자들의 연구에서 언급된 내용들이다. 학자들로부터 일정 수준의 비판을 받고 있다는 것은 역으로 S-PC 모델이 비판을 받을 정도로 의미를 가지고 있다는 반증이기도 하다. 전혀 의미 없는 모델이라면 학자들이 관심조차 주지 않을 것이기 때문이다.

다소 이론적인 접근이지만 S-PC 모델은 모델에서 제시하는 요인들 사이의 상호 의존성(inter-dependencies)에 대한 논란이 있으며, S-PC 모델을 실증적으로 증명하기가 어렵다고 일부 학자들은 비판한다. 그럼에도 불구하고 성과 요인(performance driver)들을 서로 연결했다는 점은 S-PC 모델의 강점이면서 연구 차원뿐만 아니라 실무적으로도 커다란 기여를 하였다는 것이 일반적인 평가이다. 그리고 실증적인 연구가 부족하고, 진행된 실증 연구도 일부 제한된 요인과 성과 경로에 대해서만 연구가 이루어졌다는 지적도 있다. 하나의 서비스 조직에서 S-PC 모델의 모든 연결을 실증하지 못하였고, 일부 요인들 사이의 성과 경로에서는 뚜렷한 연관성(상관)을 밝히지 못하였다는 비판도 있다. 또한 선행 요인에 의하여 만들어지는 개선 효과에 대하여 시간 간격(time lag)이 발생하는데, 그 영향을 고려하지 않았다는 점과 조절 요인 등에 대한 검토 또한 필요하다고 비판하였다. 이러한 언급들은 S-PC 모델 본질에 대해서는 동의하면서 부족한 부분에 대한 보완의 필요성을 제기한 것으로 이해하면 될 것 같다.

서비스 관련 분야에서 30년 이상을 경험한 저자의 판단은 S-PC 모델은 오히려 실무적으로 더 큰 의미가 있다고 본다. 모델 자체가 실무자들이 이해하기 쉽고 또 실무에 적용하기에 용이한 모델이라고 생각한다. 그리고 기업의 경영과 관련해서 영구 불멸하거나 100% 완벽한 모델은 존재 자체가 불가능하다. 왜냐하면 기업과 경영은 시장이라는 환경의 변화와 함께 진화하는 살아 있는 생물과 같기 때문이다. 그러므로 S-PC 모델도 시장의 변화와 함께 진화하고 발전될 것으로 생각한다.

07

하비하우스(Harvey House)의 서비스-수익 체인

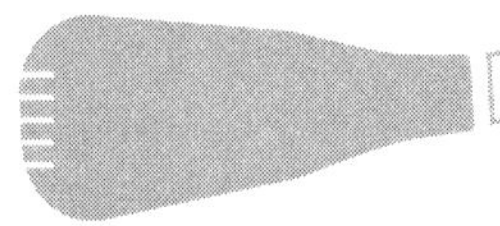

다음에 소개하는 하비하우스(Harvey House)의 경영 사례는 카렌 브라운(Karen Brown)과 낸시 하이어(Nancy Hyer)가 발표한 흥미로운 사례 논문인 "Archeological benchmarking: Fred Harvey and the service profit chain, Circa 1876(2007, Journal of Operations Management)"에서 주로 인용하여 재구성하였다.

이 경영 사례의 이야기는 우리에게 두 가지 새로운 관점을 제공한다. 첫째는 고고학적 혹은 역사학적 벤치마킹이라는 새로운 경영 사례 연구 방법이다. 이는 과거 기업의 경영 내용에서 벤치마킹할 만한 내용을 찾아보는 것으로 한자 문화권에서 말하는 온고이지신(溫故而知新)과 정확히 일치하는 것이다. 두 번째는 지금으로부터 140년 전에 서비스-수익 체인 모델에서 설명하는 대부분들의 내용들이 한 사람의 기업가에 의해 고안되고 실행되었다는 사실이다. 다른 분야에서도 마찬가지이겠지만 기업경영에서도 탁월한 비전과 리더십을 가진 한 사람의 리더가 끼친 영향의 거대함을 알 수 있다.

프레드 하비(Fred Harvey)와
하비하우스

프레드 하비는 산타페에 식당 체인점을 개업하면서 하비걸이라는 세련되고 멋진 여성들을 함께 데려온다. 매력적인 웨이트리스인 이들은 화약이나 총기가 아닌 비프 스테이크와 커피로 서부를 정복한다.

〈The Harvey Girls〉라는 영화에 나타난 헌정의 문장이다. 프레드 하비가 ATSF 철도를 따라 운영했던 하비하우스(Harvey House)라는 식당과 호텔의 이야기를 1946년 미국의 MGM 사에서 영화로 제작하였다. 영화로 제작될 정도로 유명했던 하비하우스의 이야기를 만나보자.

"햄은 너무 얇게 썰지 말 것." 사업가이자 서비스 전문가이며 특별한 비전으로 조직을 리딩했던 프레드 하비의 어록 중 하나이다.

운영관리(operations management)에 대한 경영학에서의 역사는 1900년대를 장식한 프레드릭 테일러(Fredrick Tylor), 프랭크 길브레스와 릴리언 길브레스(Frank and Lillian Gilbreth), 헨리 포드(Henry Ford) 등의 경영 이야기로 시작한다. 그리고 이 당시 운영의 혁신은 대부분 제조업에 관련된 이야기들이다. 그런데 과학적 관리법이 태동하기보다 수십 년을 앞선 1876년에 프레드 하비라는 기업가는 혁신적인 서비스 운영 시스템을 도입하였다. 이것은 맥도날드(McDonald)가 서비스 분야에서 생산 라인의 개념을 도입한 것보다 무려 100년여 전에 발생한 사건(?)이다. 하비가 1876년에 설립한 Fred Harvey Company는 1950년대까지 존속하였다. 이 기업은 Atchison, Topeka and Santa Fe(ATSF) 철도 라인과 연계하여 식당과 호텔을 아주 성공적으로 경영하였다. 혁신적인 서비스로 성공한 내용을 이 사례는 이야기하고 있지만, 놓치지 말아야 할 다른 한 부분은 '전략적 제휴(strategic alliance)'에 관한 것이다. 하비하우스는 전략적 제휴라는 용어조차 없던 그 당시에 ATSF 철도회사와의 전략적 제휴를 통하여 서로 윈윈(Win-Win)하는 경영을 펼쳤다. 이 부분은 언젠가 전략적 제휴를 중심으로 사례를 분석할 때 꼭 한 번 더 연구가 필요할 것으로 생각된다.

산타페 노선의 테이블 서비스는 프레드 하비의 서비스 운영 시스템에 의해 제공되는데, 단연코 미국에서 최고이다. 하비 시스템은 그 자체로 이미 최고의 수준에 있으며, 서비스는 더 빠르고, 더 싸고, 더 깨끗하고, 더 지적이다. (1903년 White지 기사)

프레드 하비의 천재적인 관리 방법은 미국 내의 어떤 기업도 경쟁할 수 없을 정도의 효율적인 시스템으로 전개된다. 그것은 미세한 부분까지 철저히 점검하는 일상에서의 섬세함부터 식탁에 올라가는 재료를 위해

서 세상의 모든 시장을 뒤지는 노력까지를 포함한다. (1917년 Kansas City Journal 기사)

하비하우스는 ATSF 철도회사와 연계하여 식당과 호텔을 성공적으로 경영한 이 분야의 독보적인 기업이었다. 프레드 하비는 그 당시의 경영자들이 가지지 못했던 대단한 비전을 소유한 기업가이자 경영자였으며, 그 당시에 이미 오늘날의 서비스 운영에 관한 주요 개념들을 이해하고 있었으며 그것을 완벽하게 실행으로 옮겼다.

시카고에서 샌프란시스코로 가는 기차 노선에서 운영하였던 65개의 식당에서 연간 1,500만 인분에 해당하는 음식을 제공하였던 서비스 운영 시스템을 우리는 하비 시스템(Harvey System)이라고 부른다. 프레드 하비는 고품격 서비스라면 여러 명의 하인을 거느릴 수 있는 사람들에게나 가능했던 시절, 즉 하인들이 개인적으로 시중을 들며 효율성에 대해서는 전혀 개념이 없던 시절에 전혀 다른 비즈니스 모델을 선보였다. 하비는 그 시대의 일반적인 방식에서 탈피하여, 기차 여행을 하는 중산층을 대상으로 대규모의 고객에게 고품질의 서비스를 제공하였다. 하비의 서비스 운영 시스템으로부터 우리는 지금도 많은 것을 배울 수 있다.

프레드 하비의 서비스 운영 방식을 살펴보면, 마치 오늘날의 서비스-수익 체인 모델을 학습하고 하비하우스를 운영한 것처럼 보인다. 특히, 잘 훈련되고 충성도가 높은 서비스 직원, 측정(평가) 시스템, 명쾌한 서비스 전략 등은 현대의 경영자들이 깜짝 놀랄 정도로 오늘날의 경영 방식과 흡사하다. 하비가 오늘날 경영의 기본 인프라라고 할 수 있는 정보시스템의 도움 없이 성공적으로 기업을 운영했다는 점은 중요하게 짚어보아야 할 대목이다. 요즘 경제신문에서 가장 인기 있는 주제 중의 하나라고 할 수 있는 빅데이터와 같은 시스템과 데이터의 도움 없이 하비는 독특한 리더십과 일상 운영(operation)에서의 디테일, 그리고 서비스 문화에 집중하여 성공적인 결과를 만들어내었다. 하비하우스의 시대를 앞서가는 경영 이야기는 과거의 경영에서도 새로운 영감(inspiration)을 얻을 수 있다는 좋은 사례이다.

하비 방식의
서비스

ATSF 철도를 따라 기차 정류장에 소재하였던 하비하우스의 식당은 미국의 동부와 서부 사이를 여행하는 수십만 명의 여행객들에게 고품격의 식사를 열차 도착 시간에 정확하게 맞추어 제공하면서 서비스의 새로운 장을 열었다. 프레드 하비는 그가 철도회사와 체결한 파터너십을 기반으로 기차 여행객들에게 꼭 필요한 서비스 운영 시스템을 고안하였다.

ATSF 철도회사는 프레드 하비가 기차 여행객들에게 역에서 정차하는 30분이라는 제한된 시간 내에 높은 품질의 식사와 서비스를 제공할 수 있다면 필요한 토지와 시설 그리고 운송 수단 등을 제공하기로 약속했다. 요즘 용어로 전략적 제휴를 맺은 것이다. 하비의 시스템에 관련된 이야기는 1946년에 개봉된 아카데미상 수상작인 〈The Harvey Girls〉라는 영화에 일부 소개되고 있다. 하비의 서비스는 ATSF의 경영을 성공으로 이끄는 데 결정적인 요인이 되었다. 하비가 ATSF 철도회사의 고객들에게 제공한 서비스는 다른 경쟁 철도회사들이 결코 제공하지 못한 서비스였기 때문이다.

영화 〈The Harvey Girls〉 포스터

프레드 하비는 15살 때 런던에서 뉴욕으로 이민 와서 훗날 세인트루이스에서 식당을 운영하였다. 그러다가 사업 파트너와의 문제로 식당 사업을 정리한 후 Hannibal and St. Joseph 철도회사에서 근무하였다. 철도회사에서의 경험을 기반으로 이후 하비는 철도와 관련된 여러 사업을 하게 되었다. 첫 번째 사업은 열차를 이용한 우편물 분류 사업이었다. 하비가 새로운 방식을 선보이기 전에는 모든 우편물이 개별 역에서 분류되었고, 분류된 이후에 열차에 실려 목적지로 이동하는 방식이었다. 그런데 하비는 기존의 프로세스를 개선하여 새로운 방식으로 우편물의 배달 시간을 대폭 줄일 수 있는 아이디어를 내놓았다. 그것은 우편물의 분류를 열차 내에서 목적지로 이동하면서 하는 방식이었다. 이러한 경험은 이후에도 제한된 시간 내에 신속하게 서비스를 제공하는 혁신적인 아이디어를 제공할 수 있는 계기가 되었다.

일반인들의 기차 여행이 증가하면서, 당시의 기차 여행이 해결하지 못한 형편없는 음식과 불편한 잠자리를 하비는 사업의 기회로 인지하였다. ATSF 노선은 원래 말이나 역마차가 다니던 옛날 길을 따라서 만들어진 철길이었다. 말이나 역마차를 이용하던 서부 지역의 사람들에게는 거친 음식이나 불편한 잠자리가 별 문제가 아니었지만, 새롭게 개발된 철도의 주된 이용자는 동부에서 서부로 여행하는 동부 지역의 사람들이었다. 동부 사람들은 서부 사람들과 달리 기차 여행에서 오는 불편함에 익숙하지 않았다. 현대적인 표현으로 하비는 고객에 대한 인구동태적(demographic) 변화를 인식하고 그것을 사업의 기회로 활용하였다. 하비는 서부로 가는 기차 여행에서 어떠한 서비스가 제공되어야 하는지를 알아챘고, 자신의 아이디어를 ATFS 철도회사와의 협상 카드로 활용하였다. 하비는 Burlington 철도회사에 먼저 사업 제안을 하였지만 거절당하였다. 뒤이어 제안한 ATSF 철도는 하비의 아이디어가 실현될 수 있도록 도와주었다. 하비와 ATSF의 업무 협력은 계속 증가하였고, 1878년에 공식적으로 계약을 맺었다. ATSF는 하비에게 철도노선을 따라 식당, 점심 판매대, 숙박 시설 등에 대한 운영의 독점권을 주었다. 이와 더불어 ATSF는 하루에 기차가 정차하는 횟수도 보장해주었다. 이로써 하비는 고객을 안정적으로 확보할 수 있었을 뿐만 아니라 하비하우스를 이용할 고객의 수를 예측할 수 있게 되었다. 그리고 1800년대 후반에 기차에서 식당차를 운영하기 시작할 때 하비는 식당차 서비스에 대한 영업권도 확보하였다. 이후로 시카고에서 캔자스시티까지는 기차 안에서 음식이 제공되었고, 캔자스시티를 지나서 서부 해안까지는 기차역에 소재한 하비하우스의 식당에서 음식을 제공하였다.

하비하우스의
운영 시스템

하비하우스 식당의 주문 시스템은 요즘 용어로 JIT(just-in-time) 운영 시스템과 흡사하다. 고객이 음식을 주문하면 곧바로 음식을 준비하는 것이다. 다음은 그 과정을 설명하고 있다.

기차가 출발하면 곧이어 차장이 식사가 가능한 다음 역에서 먹고 싶은 음식을 승객에게 주문받는다. 주문받은 내역은 전신(전보) 시설이 있는 다음 정차 역에서 식사를 하도록 예정되어 있는 역에 소재한 하비하우스의 식당으로 전달된다. 경우에 따라 전신이 불가능할 경우 하비 식당에서 기차의 기적 소리를 들을 수 있는 수마일 전의 위치에 기차가 도달하면 미리 약속된 기적을 울려 전신을 대체하도록 하였다. 하비하우스의 식당들은 평균 125마일의 간격으로 위치해 있었다. 물론 간격이 더 길거나 짧은 구간도 있었지만, 일반적으로 식사 주문은 여행자들이 도착하는 시간보다 수 시간 전에 전달받을 수 있었다. 하비하우스의 직원들은 그 시간을 이용하여 신속하게 음식을 준비하는 것이다. 그 당시의 기차 속력과 식당 간의 거리를 고려하면 음식을 준비할 수 있는 시간은 통상 4시간 정도로 계산된다. 미리 정해진 열차 스케줄과 계절적 수요의 패턴 등은 하비하우스 식당의 매니저들이 현실적으로 실행 가능한 계획을 세울 수 있도록 도와주었다. 즉, 식사 주문에 대한 신뢰할 수 있는 정보는 상세한 생산계획을 가능하게 하였고, 궁극적으로 공급망 관리(supply chain management)의 개념을 가능하게 하였다.

도착 예정인 기차로부터 주문 정보를 받는 즉시 세밀하게 분화된 업무들이 진행되었다. 하비하우스의 운영 매뉴얼에 따라 서빙을 담당하는 직원들은 필요한 숫자만큼 테이블을 준비하고 동시에 주방에서는 음식을 요리한다. 그리고 기차가 역에 도착하면 전체 직원이 준비하고 있다가 바로 첫 번째 요리를 식탁으로 가져간다. 손님들은 웨이터의 안내로 자리에 앉으면서 음료수를 주문하고 곧바로 식사를 시작한다. 이와 동시에 두 번째 요리가 준비되고 정확한 시간에 맞추어 식탁으로 전달된다. 앞에서 소개한 영화 〈The Harvey Girls〉에서는 하비하우스를 '조직화된 광란(organized frenzy)'이라고 표현한다. 영화에서 보듯이 웨이트리스들은 계획된 시간에 주문한 음식을 해당 손님에게 정확하게 전달하고 있어 기계적이라고까지 느낄 정도이다.

하비의 표준화된 운영 프로세스는 동일한 업무를 동일하게 처리하는 것이 가능하도록 만들었다. 하비하우스의 직원들은 하비하우스 식당들 사이에 이동 배치가 가능했으며, 이는 직원들에게는 새로운 기회가 되었고 회사는 계절이나 시간에 따른 인력의 수급을 용이하게 할 수 있게 되었다. 이와 같은 세심한 생산능력 관리(capacity management)는 그 당시에는 개념조차 찾기 어려운 것이었다. 이러한 개념이 서비스 산업에 도입된 것은 20세기를 지나서였다. 하비하우스 식당들 간의 직원의 이동은 업무 지식의 전파를 가능하게 하였고 결국 엄청난 생산성의 향상이라는 결과를 낳았다. 지금의 경영학 용어로는 지식경영(knowledge management)이라고 할 수 있으며, 이러한 개념은 오늘날 식음료 산업에서 이용되고 있는 프랜차이즈의 기초가 되었다고 볼 수 있다.

식사 서비스가 빨라짐에 따라 여유 시간이 생긴 승객들은 식당 주변에서 원주민인 인디언들이 만든 기념품 등을 구매할 수 있었다. 원주민들이 만든 장식품, 양탄자, 바구니 등은 식당 내부의 장식(interior)으로 이미 활용되었고, 여행객들은 이러한 기념품들을 주변의 가게에서 구매할 수 있게 되었다. 이러한 시도는 오늘날 광고에서 이용되고 있는 잠행(stealth) 마케팅과 매우 유사한 방식임을 알 수 있다. 이처럼 음식의 품질도 좋고 서비스도 좋으며 주변의 환경도 매력적이다 보니 여행객들은 서부로의 여행 일정을 늦추어가면서 그곳에서 머무르기를 원하기도 하였다. 이러한 현상은 하비하우스에게 식사뿐만 아니라 숙박, 여행, 쇼핑 등의 서비스 상품들을 교차판매(cross-sell)할 수 있는 기회가 되었다.

하비걸(Harvey Girl)과 서비스 혁신

연구에 의하면 1883년까지 하비하우스의 식당들은 상당히 잘 운영되었지만 일부 식당에서는 하비가 개발한 서비스의 기준에 못 미치는 문제점이 발견되었다. 문제점의 이면에는 서비스를 담당하는 서부 지역 출신의 남자 직원이 있었다. 이들은 자주 술에 취하고 무례하며, 심지어는 손님과 싸우기까지 하여 동부에서 여행 온 수준 높은 고객들을 맞이하는 데에 적합하지 않았다. 이런 와중에 하나의 전환점이 생기게 되었다. 하비가 뉴멕시코의 렌턴(Renton)에 있는 하비하우스에서 술에 취해 소동을 벌였던 웨이터들과 매니저를 모두 해고한 것이다. 그리고 새로 임명된 매니저는 서비스 직원을 전원 여자로 대체하였다. 하비는 그가 주창한 표준 프로세스의 적용에는 매우 단호했지만 한편으로는 종업원들의 이야기에 귀를 기울이며 최선의 실행 방안(best practice)을 찾는 노력을 게을리하지 않았다. 하비는 여성 종업원의 채용 방안을 바로 승인했고 즉시 그 효과를 알게 되었다. 이를 계기로 하비걸(Harvey Girl)이라고 불리는 여종업원들의 시대가 시작되었고, 이들은 하비가 남긴 최고의 유산이 되었다.

하비하우스의 조직은 요리사, 보조요리사, 정육사, 식품관리 직원, 웨이터 보조(busboy), 그리고 15~30명의 웨이터리스 등으로 구성되었다. 각자의 업무는 매우 명확하게 정의되어 있었지만, 하비는 수요와 공급에서 필요성이 있을 때마다 약간의 이동은 허용했다.

하비걸이라고 불리는 웨이트리스들은 모든 하비하우스의 종업원 중 가장 중요한 포지션으로 항상 전면에 배치되었다. 그들이 바로 하비하우스의 핵심 경쟁력이었다. 이들은 제대로 된 교육을 받은 18세에서 30세 사이의 여성들로 하비가 동부 대서양 연안 혹은 중서부 지역으로부터 채용한 직원들이었다. 하비걸은 모두 읽고 쓸 수 있을 뿐 아니라 대부분 고등학교 졸업자들이었고 대학을 다닌 사람도 있었다. 보통 6개월에서 9개월 정도의 계약 기간으로 회사가 필요로 하는 지역에 배치되었다. 계약 조건 중에는 처음 계약 기간 동안은 결혼을 하지 않는다는 조건도 있었다. 그 당시에는 교사나 간호사 외에는 여성들이 가질 수 있는 직업이 별로 없었다. 오늘날과 마찬가지로 많은 하비걸들은 돈을 벌어서 그들의 가족을 부양하는 여성들이었다.

하비는 이 여성들과 그들의 부모들에게 하비걸이 여성으로서의 명예를 지킬 수 있도록 해주겠다는 약속을 하였다. 당시에 서부에서 일하는 여성들 중에는 매춘이나 술집 아가씨로 일하는 경우가 많았기 때문에 이것은 매우 중요한 약속이었다. 하비는 여직원들을 위하여 쾌적한 기숙사 시설을 갖추고, 엄격한 규칙으로 그들을 관리하였다. 그래서 하비걸들은 좋은 명성을 유지할 수 있었고, 동부의 좋은 매너를 서부에 전파한 공로를 인정받았다.

하비의 서비스 시스템과
서비스-수익 체인 모델

1) 내부서비스 품질의 향상

하비는 본인이 추구하는 고객군(customer segment)과 그들을 위한 서비스 콘셉트를 정확히 파악하였고, 파악된 고객의 니즈를 만족시킬 수 있도록 서비스 전달 방식을 디자인하였다. 경영학에서 사용하는 용어로 하비는 핵심역량(core competency)으로 탁월한 서비스 운영(operational excellence)을 선택하였다. 하비는 고객의 니즈에 부합하면서 동시에 ATSF에 충분한 부가가치를 제공할 수 있는 서비스 전략에 대한 명확한 비전을 가지고 있었다. 이러한 하비의 전략은 B2B와 B2C 차원의 서비스 전략으로 이해할 수 있다. 하비가 B2B 차원의 서비스를 제공한 대상은 ATSF 철도회사이며, B2C 관점의 서비스를 제공한 대상은 철도 여행자, 즉 ATSF 철도의 승객들이었다.

하비가 추구한 서비스 운영 전략에서 가장 중요시한 점은 스피드와 품질이었다. ATSF는 열차 운행 스케줄 때문에 식사 시간을 30분 이상 제공할 수 없었다. 만약 하비가 이 시간적 제약을 극복하지 못한다면 그의 사업은 더 이상 지속될 수 없는 상황이었다. 이러한 제한된 시간의 문제는 오늘날 패스트푸드 프랜차이즈를 운영하는 기업이 경험하는 내용과 대동소이할 것이다. 오늘날에는 쉽게 이해가 되지만 1876년에는 이러한 내용을 이해하기 힘들었을 것이다.

품질은 부가가치를 만들어가는 핵심이다. 하비는 1등급의 음식을 제공했고, 철도의 운행 시스템을 이용한 JIT(just-in-time) 시스템을 사용하였다. 예를 들면 애리조나에서는 오대호에서 공급된 신선한 송어 요리를 저녁 식사 메뉴로 제공하였고, 캔자스에서는 캘리포니아에서 공수된 신선한 멜론을 제공하였다. 심지어 필요하다면 맛있는 커피를 제공하기 위해서 필요한 생수조차 공급해오기도 하였다. 더불어 품질 좋은 음식 재료를 공급할 수 있도록 하비 농장을 운영하여 그곳에서 최상급의 우유, 버터, 계란 등을 공급하였다.

하비는 품질 문제에 있어서는 일관성(consistency)이 매우 중요하다는 사실을 알고 있었다. 모든 메뉴는 정확한 표준(양념, 크기, 요리 방법 등)에 맞추어 준비되었다. 이에 추가하여 테이블 세팅, 코스 요리 프로세스, 서비스 직원의 복장 등도 미리 정해진 정확한 표준에 따랐다.

여기서 좀 더 눈여겨보아야 할 것은 하비가 주창한 일관성과 운영의 표준화는 1911년에 발표된 프레드릭 테일러(Fredrick Taylor)의 과학적 관리법보다 무려 25년 이상 앞섰다는 사실이다. 테일러의 과학적 관리법은 제조업을 중심으로 큰 영향을 끼쳤지만, 서비스 산업에서는 1960년대 초에 맥도날드에서 이러한 개념을 도입하기까지는 전무했다는 것이 사실이다.

하비는 다양성(variery)과 원가(cost)를 서비스의 운영(operation)에서 고려하여야 할 두 가지 중요한 요소로 이해하였다. 정찬을 제공하는 식당에서는 몇 가지의 주요리로 구성된 코스 메뉴들이 제공되었고, 남성 손님은 재킷을 입어야 하며 흡연은 금지되었다. 다소 완화된 격식과 저렴한 가격으로 제공되는 점심 전문 식당에서는 단품 요리를 중심으로 한 메뉴가 제공되었다. 식당의 메뉴는 주기적으로 반복되어 여행객들에게 색다른 메뉴가 제공되는 느낌을 주도록 하였다. 이처럼 다양성에 대하여 일정 부분 제한을 둠으로써 직원들은 하비 시스템의 핵심이라고 할 수 있는 표준화와 스피드를 유지할 수 있었다. 다양한 옵션은 제한하였지만, 고객들에게 적절한 수준의 선택 기회는 제공하고 있었다. 최근의 연구에 따르면, 고객들은 표준화된 절차를 좋아하지만 그런 가운데에서노 선백이 가능하다고 느낀다면 고객의 만족도는 향상된다고 한다. 하비는 오늘날처럼 통계에 기반한 연구나 조사 없이도 이러한 사실을 알고 있었던 것이다.

하비는 최고 등급 식당의 운영이 원가를 초과한다는 사실을 받아들였다. 그러나 적자 폭을 줄이기 위해 서비스를 줄이거나 음식의 질을 저하시키는 것은 허용하지 않았다. 만약 하비하우스에서 지속적으로 적자가 발생하였다면 아마도 하비는 그에 상응하는 보상을 ATSF 철도회사에 요구했을지도 모른다. 하비에 있어 식당은 그의 전체 비즈니스 모델(원주민 공예품 판매, 여행, 책 판매, 숙박 시설 운영) 중 일부분이었고, 하비 스스로 단순한 이익을 추구하는 일반적인 사업가는 아니었다. 어쩌면 최고 등급의 식당은 하비하우스의 사업 전체를 위한 미끼상품(loss leader) 개념이었을지도 모른다.

2) 인적자원의 선발과 활용

하비는 고객들을 즐겁게 해주고 그래서 그들을 하비하우스에 좀 더 머물게 하거나, 다음에 다시 찾아올 수 있도록 만들 수 있는 서비스 직원을 원했다.

S-PC 모델에 따르면, 직원들은 최고의 서비스를 제공하기 위해서 잘 디자인된 직무와 수단, 그리고 사전에 개발된 프로세스를 따라 업무를 수행할 수 있도록 훈련되어야만 한다. 회사로부터 잘 대우받으며 고객의 니즈를 만족시킬 수 있는 능력을 갖고 있고 만족도가 높은 직원들은, 생산성과 충성도가 높으며 장기적으로 근무하려는 성향이 높다. 이러한 요소들은 연이어 서비스 가치, 고객만족도, 그리고 고객 충성도를 향상시키며, 궁극적으로 경영성과인 매출과 이익의 증대로 이어진다. 이러한 관점에서 하비는 하비걸과 하비 시스템을 통하여 이러한 목표들을 성취할 수 있었다. S-PC 모델은 고객만족도 및 충성도의 선행 요인으로 종업원 만족도를 매우 중요하게 설명한다. 하비는 직원들의 태도를 조사하기 위해 오늘날에 이용하

는 복잡한 직원 조사(employee survey)와 같은 방법을 사용하지는 않았지만, 수시로 현장을 방문하여 직원들을 격려하고 감독하면서 개선할 부분을 찾아내었다.

하비걸이었던 사람들은 다음과 같이 말하고 있다.

"나는 그 시절 하비걸로서 잘 보호받고 보살핌을 받았다는 느낌을 갖고 있다. 직원들은 모두 나에게 가족과 같았다."

"내가 하비에 대하여 진심으로 감사하는 것은 하비가 우리를 대하는 방식이었다. 그는 우리를 마치 자신의 혈육처럼 대하였다."

"나는 존중받았고 보호받았다. 그리고 하비의 경영팀은 매우 훌륭했다."

"나는 조그만 마을에서 성장하였다. 그리고 가본 곳도 없었다. 나는 결코 그 시절을 잊을 수 없다. 그들은 정말 훌륭하였다."

하비는 직원의 충성도, 직원의 생산성, 그리고 고객의 충성도 사이의 연결을 식관석으로 이해하였고, 그래서 직원들을 행복하게 만들며 퇴사율을 줄이기 위해 계속 노력하였다. 그의 노력의 중심에는 여섯 가지의 실행 요소들이 있었는데, 그것은 선발, 급여와 보너스, 인센티브 제도, 입사 전 직무 체험, 승진의 기회, 융통성이었다. 이러한 핵심 실행 요소들은 하비걸을 위해 주로 적용되었지만, 다른 직원들에게도 대부분 적용되었다.

① **직원의 선발**

S-PC 모델에 따르면, 기업은 그 기업의 서비스 모델에 적합한 태도와 합당한 업무 능력을 보유한 사람을 서비스 직원으로 채용해야 한다고 설명한다. 하비는 이러한 원칙과 일치하게 일정한 교육 수준을 갖추고 있는 젊은 여성들을 찾아서 서비스 직원으로 채용하였다. 그리고 그들 중 많은 사람들은 시골에서 자라서 강도가 높은 일에 이미 적응되어 있는 사람들이었다.

오늘날 성공적으로 사업을 운영하고 있는 많은 기업들은 고객과의 관계에 뛰어난 사람들을 직원으로 채용하는 것을 매우 중요하게 생각한다. 직원의 채용에 있어 하비는 고객과의 접점에서 일하는 서비스 직원들과 주방처럼 후선에서 일하는 직원들은 다른 자질이 필요하다는 판단하에 채용 기준을 다르게 하였다. 하비는 젊고 매력적인 여성을 고객과의 점접에 배치하여 서비스를 담당하게 하였고, 주방에는 다양한 연령층의 남자를 뽑았는데 요리, 설거지, 청소 등을 잘하는 사람으로 선택했다. 하비는 요즘의 면접관이 통상 그러하듯이 자신만의 일정한 채용 기준을 가지고 있었다. 예를 들면 인터뷰 중에 껌을 씹고 있다면 무조건 불합격시키는 것과 같은 기준을 말한다. 하비는 좋은 서비스를 제공할 수 있는 직원, 즉 대중과 잘 소통할 수 있는 서비스 직원을 선발하였으며, 인원이 필요하다고 결코 아무나 뽑지는 않았다.

② **급여, 복리후생, 인센티브 제도**

직원을 채용할 때에는 6개월 내지 9개월의 근무 기간을 전제로 계약을 맺었다. 계약 기간이 끝난 직원에게는 고향으로 돌아가는 기차표를 제공해주었다. 당시로서는 큰 혜택이었다. 많은 직원들이 계약이 만료된 후 일정 기간 고향에서 가족과 시간을 보낸 후 다시 재계약을 하였다. 4년을 근속한 직원에게는 회사 비용으로 캘리포니아 여행을 보내주었다. 요즘 많은 기업들에서 시행하고 있는 우수 직원 및 장기 근속자에 대한 인센티브 여행과 같은 성격이다. 하비는 이 외에도 직원의 충성도를 향상시키기 위하여 여러 가지 인센티브 프로그램들을 도입하였다. 예를 들면 가장인 여자 직원에게는 가족과 자녀들을 돌볼 수 있는 주거 시설을 제공하기도 하였다. 최근의 연구에 따르면, 제조업도 마찬가지이지만 특히 서비스 산업에서는 직원의 퇴사율이 생산성과 비용에 큰 영향을 준다고 한다. 하비는 당시 별도의 현대적인 리서치 없이도 이러한 점을 간파하고 있었다.

③ 입사 전 직무 체험

신입 하비걸이 고용계약을 체결하게 되면 우선 1개월 동안 직무교육을 받기 위해 하비하우스에 배치된다. 이 기간 동안에는 무급으로 수석 웨이트리스의 지도하에 교육을 받게 된다. 무급이지만 숙식은 제공된다. 교육 기간 내내 신입 하비걸은 엄정한 직무와 가족으로부터 멀리 떨어져 있다는 외로움, 그리고 기숙사에서의 공동 생활 등 모든 조건들을 감내할 수 있는지를 체크받게 된다. 직무교육 기간의 엄격한 교육훈련 과정을 통하여 직무를 수행하는 데 적합하지 않은 인원을 제외시키는 선발 프로세스이기도 하였다. 요즘의 언어로 표현하면 많은 기업에서 시행하고 있는 인턴십 프로그램(internship program)과 거의 일치한다. 이 과정은 프로그램에 참여한 채용 후보자에게도 상당히 의미 있는 시간이 된다. 이 기간 동안 입사 후에 수행하게 될 직무에 대한 교육을 받을 뿐만 아니라 수행해야 할 업무와 회사를 경험하면서 거꾸로 회사와 직무를 선택하는 기회가 되기도 한다. 그 직무에 적합한지 혹은 그 회사에 근무하고 싶은지는 이 프로그램을 경험한 채용 후보자 본인이 가장 잘 알 수 있기 때문이다.

이와 비슷한 제도로 많은 글로벌 보험회사에서 영업 사원을 채용할 때 CIS(career information session)라고 불리는 과정을 운영한다. 채용 프로세스에서 매우 중요하게 생각하는 하나의 단계이다. 영업 사원으로서 수행해야 할 상세한 업무 내용과 그에 따른 좋은 점과 어려운 점을 진솔하게 공유하는 과정이다. 이런 과정을 거치면서 대개 절반 정도의 후보자들이 본인은 적합하지 않다고 포기하게 된다. 입사 후본인의 기대와 다르고 생각하지도 못했던 어려움에 직면하여 퇴사를 하는 것보다 채용 과정에서 스스로 판단하게 하는 것이 회사와 후보자 모두에게 좋은 것이다.

이러한 하비의 교육 프로그램을 현재는 실질적 직무 체험(RJP, realistic job preview)이라고 부른다. 이러한 RJP 프로그램을 통하여 직원의 정착률을 개선시킬 수 있다는 것은 관련 연구의 결과를 통해 알 수 있다. 하비는 RJP 프로그램 혹은 인턴십 프로그램의 효과를 현장에서 실현한 선구자이다.

④ 승진의 기회 제공

당시 산업계에서는 여성에게 승진의 기회를 거의 제공하지 않았다. 하지만 하비는 하비걸을 포함한 여성 직원들에게 승진의 기회를 제공하였다. 예를 들면 하비걸 중에는 수석 웨이트리스나 하비하우스의 관리자로 진급한 사람들이 상당수 있었다. 하비의 직원들은 모두 장기근속을 하게 되면 더 좋은 기회를 가질 수 있을 것이라는 사실을 잘 알고 있었다. 이러한 사실은 종업원의 충성도를 향상시키는 데 또 하나의 중요한 요소로 작용하였다.

⑤ 종업원의 니즈를 충족시키기 위한 융통성

하비는 엄격한 운영 절차를 준수할 것을 요구하였다. 하지만 경우에 따라서 운영 시스템을 시간적으로 혹은 지역적으로 조정할 필요가 있으면 수정하거나 보완하였다. 이러한 방식은 그의 인사관리 원칙에서도 같이 적용되었다. 예를 들면 하비걸의 계약 기간은 6개월에서 9개월 사이의 기간으로 정하도록 하였음에도 불구하고 농촌 지역의 여성들이 추수를 위해 귀향해야 하는 경우에는 예외를 인정하였다. 학교 선생들에게는 여름방학 기간 동안 하비하우스에서 일할 수 있도록 하여 예외를 인정하였다. 그 결과 많은 교사들이 방학 때마다 하비하우스에서 일할 수 있었다. 그리고 그랜드캐니언(Grand Canyon) 지역에서 근무하는 종업원들이 하비의 사내 연애 금지 원칙에 대하여 불만을 표현했을 때, 그 지역에서는 그 원칙을 철회하였다. 그 이유는 그 지역에는 하비 직원 외에는 마땅한 데이트 상대를 찾을 수 없었기 때문이다. 이러한 하비의 융통성은 모두 좋은 직원들을 놓치지 않으려는 그의 노력에 기인한 것이다.

3) 성과 측정

헤스켓(Heskett)과 동료 학자들은 성공적인 서비스 기업들은 고객만
족도를 비롯하여 S-PC 모델의 요인들에 대한 공식적인 성과 측정
시스템을 가지고 있다고 설명한다. 즉, 종업원 퇴사율, 종업원 생산
성, 고객 충성도, 종업원 만족도, 고객만족도, 서비스 실패 시 복구
능력, 품질 등에 대한 평가를 말한다. 이러한 측정 프로세스는 오늘
날 "무엇인가를 이루고 싶으면, 그것을 측정할 수 있어야 한다"라는
격언과 일맥상통한다.

물론 하비가 오늘날처럼 아주 정교한 성과 측정 시스템을 가지고
있지는 않았다. 하지만 요즘의 시각에서 보아도 꽤 놀랄만한 성과
측정 시스템을 운영했다는 증거들이 나타나고 있다. 하비의 시대에
는 엑셀(EXCEL)도 ERP도 없었고 360도 다면 평가제도도 존재하지 않
았다. 그리고 전문적인 서베이(survey)나 실시간 POS(point of sales) 데이
터 같은 것도 없었다. 하지만 하비는 무엇이 중요한지를 알았고 그
것을 종업원들에게 지속적으로 커뮤니케이션하였으며, 이후 의식적
으로 그 결과들을 추적하였다. 오늘날 우리는 효과적인 동기부여의
수단으로서, 명확하고 도전적이며 측정 가능한 목표의 가치를 잘 알
고 있다. 이 부분 역시 시대를 앞서간 하비의 또 다른 인사이트
(Insight)로 이해할 수 있다. 하비와 그의 팀 멤버들은 목표의 설정과
측정을 하비하우스의 기업문화에 녹여내었다.

하비의 측정 시스템의 기초는 미스터리 쇼핑인데, 아마도 인류 역
사상 최초의 미스테리 쇼핑으로 기록될 수 있을 것이다. 하비는 정

기적으로 하비하우스 식당들을 방문하여 서비스와 음식의 수준이 그가 제시하는 기준에 부합하는지를 측정하였다. 〈Undercover Boss〉라는 TV 프로그램처럼 때로는 변장을 하고 방문을 하기도 하였다. 서비스 수준을 점검한 후 그는 자신의 정체를 밝히고 주방의 상태, 직원의 복장, 회계장부 등에 대하여 보다 세밀한 점검을 하였다. 사업의 후기에는 미스터리 쇼핑 방식 대신 자신을 도울 수 있는 감사 팀을 대동하여 감사 프로세스를 운용하였다. 하비는 전사적 시스템의 건강함은 지속적으로 개선하는 데 달려 있다는 것을 알았으며, 개별 식당의 운영 주체들이 스스로 자신을 감독하는 것으로는 부족하다고 생각하였다.

4) S-PC 모델의 다른 연결 고리들

하비의 관심은 표준화된 운영 방식에만 있지 않았다. 하비는 S-PC 모델에서 제시하는 다른 요인들에 대해서도 많은 관심을 기울였다. 예를 들면 하비는 고객의 충성도가 매우 중요한 성공 요인이라는 것을 인식하였다. 그는 토피카(Topeka)에 소재한 하비하우스에서 만족한 고객은 애머릴로(Amarillo), 산타페(Santa Fe), 바스토(Barstow) 등에 소재한 하비하우스의 식당들도 이용하고 싶어 한다는 것을 알았다. 게다가 만족한 고객들은 훗날 더 자주 서부로 여행할 것이라고 생각하였다.

하비하우스의 고객이 하비에게 불평을 토로하는 편지를 보냈다면, 하비는 즉시 담당했던 매니저를 찾아서 상황을 점검한다. 그때 그 매니저가 고객이 너무 이상한 사람이라고 자신의 정당성을 설명한다면, 하비는 그런 종류의 고객까지도 기쁘게 만드는 것이 매니저의 임무라고 알려준다.

이상과 같이 하비하우스의 사례에서 우리는 비전으로 가득한 한 사람의 리더를 만날 수 있었다. 더구나 그는 지리적으로 산재되어 있는 서비스 시스템을 운영하는 방식을 매우 상세히 알고 있었다. 오늘날 학자들은 서비스 리더십은 긍정적인 서비스 환경을 창출하는 데 결정적인 영향을 미친다고 설명한다. 이러한 내용이 발표되기 전에 이미 하비는 그 사실을 알고 있었던 것이다.

5) 수익성

S-PC 모델의 대미는 서비스 활동이 결국에는 기업의 이익으로 종결된다는 것이다. 많은 경영자들이 서비스 활동에 사용되는 재원을 단순히 비용으로 생각하는 경향이 많은데 이를 정정해준 것이 S-PC 모델이다.

하비하우스의 이익 규모는 당시로는 매우 큰 것이었다. 제한된 기록에 의존할 수밖에 없지만, 1886년의 하비하우스의 세후 당기순이익은 8만 5,777달러였는데 이를 현재의 가치로 환산하면 175만 8,945달러 정도가 된다. 당시의 기업들과 비교했을 때, 재정적으로 매우 훌륭한 결과를 실현한 것으로 보인다.

하비하우스의
쇠퇴

1930년대에 들어서서 자동차 여행이 등장하고 고급형 열차의 출현으로 정차하는 역의 숫자가 줄어들면서 하비하우스의 식당들은 작은 역을 중심으로 문을 닫기 시작했다. 큰 도시의 하비하우스는 존속하면서 자동차 여행자들에게 서비스를 제공하기도 하였다. 하지만 과거 ATFS 철도의 경우처럼, 하비하우스를 이용할 고객의 숫자가 정확히 예상되고 또 지속적으로 손님이 공급되던 시절과는 상황이 달라지면서 대부분의 하비하우스의 식당들은 매출액과 이익이 감소하였다. 하비는 다른 철도회사인 Pullman Company와 새로운 사업을 시도하기도 했지만, 기차 여행객이 줄어드는 시대의 변화를 감당할 수는 없었다.

하비하우스의 사업은 제2차 세계대전 기간 동안 철도가 주된 운송 수단으로 재등장함에 따라 다시 호황을 누리게 되어 폐점했던 하비하우스 중 일부를 재개하기도 하였다. 하지만 그동안 인력이 떠나고 전쟁으로 인해 물자의 공급이 원활하지 않아 과거와 같은 명성을 다시 찾을 수는 없었다. 제2차 세계대전 이후 대부분의 여행이 사동차와 항공기로 대체되면서 1948년도까지 몇몇 하비하우스를 제외하고는 모두 문을 닫게 되었다.

다른 성공적인 비즈니스 모델과 마찬가지로 철도 여행자들에게 음식을 제공하던 하비의 비즈니스 모델도 그에 맞는 시대와 지역이 존재한다는 것은 어쩔 수 없는 사실이었다.

마무리

지금까지 하비와 하비하우스의 서비스 운영 시스템에 대하여 살펴보았다.

먼저 운영, 서비스, 인사관리 등에서 많이 이용되고 있는 소위 신개념이라고 말할 수 있는 내용들이 140년 전에 하비에 의해서 효과적으로 활용되었다는 사실이 놀랍다. 그리고 이러한 연구를 통하여 역사적 혹은 고고학적 벤치마킹의 유용성도 알게 되었다.

막연한 추측이지만 하비의 혁신적인 사고와 실행은 우리가 생각하는 것보다 훨씬 큰 범위로 영향을 주었을 수도 있다. 프레드릭 테일러(Fredrick Taylor)나 헨리 포드(Henry Ford), 월트 디즈니(Walt Disney)가 ATSF 철도를 이용하여 여행을 하면서 하비하우스의 식당을 경험하게 되고 하비의 시스템으로부터 영감을 얻었을지도 모를 일이다. 즉, 우리가 생각하는 것 이상으로 프레드 하비의 영향은 더 크게 존재하고 있는지도 모른다.

저자가 발견한 카렌 브라운(Karen Brown)과 낸시 하이어(Nancy Hyer)의 흥미로운 사례 연구인 "Archeological benchmarking: Fred Harvey and the service profit chain, Circa 1876(2007, Journal of Operations Management)"와 영화 〈The Harvey Girls〉(1946) 및 프레드 하비에 관한 이야기들을 가능한 많이 찾아서 하비하우스의 이야기를 새로 구성하여 보았다. 이 사례 연구를 재구성하면서 한 번 더 프레드 하비의 직관, 비전, 실무적 지식, 경험에 놀랐다. 그리고 연구가 본업이 아니고 현장에서 실무를 수행하고 있는 저자의 입장에서 볼 때 프레드 하비의 실행력에 경이를 표하고 싶다.

프레드 하비의 이야기를 서비스 경영과 S-PC 모델의 시각에서 살펴보았지만, 그의 이야기를 찾아낼수록 현대 경영학에서 다루고 있는 다른 많은 부분에서 하비는 이미 개념을 가지고 있었거나 실행을 하였음을 알아챌 수 있었다. 서비스 외의 분야를 살펴보면 인사관리에서는 채용과 보상, 그리고 인센티브 프로그램에 대하여 하비는 많은 혁신적인 아이디어와 제도를 실행하여 큰 성과를 만들어내었다. 업무의 표준화와 직무의 세분화에 관련된 그의 일화에서는 프로세스 개선(process innovation)과 6시그마와 비슷하다는 느낌을 받았고, 현대적인 감사팀의 운용에서는 오늘날의 감사 활동을 엿볼 수 있었다.

하비의 사례를 마무리하면서 하비의 실패를 언급하고 싶다. 그것은 사업의 영속성(business continuity) 부분이다. 하비와 그의 경영진이 변화하는 환경에 적합한 새로운 전략을 찾는 데 실패하였는지, 혹은 후계자 양성(succession planning)에 문제가 있었는지, 아니면 우리가 찾아내지 못한 다른 문제로 사업을 종료했는지는 알 수가 없다. 하지만 결론적으로 하비하우스와 같은 혁신적인 서비스 기업이 사업을 중단하게 된 것은 사실이며, 이 사실은 큰 아쉬움으로 남는다.

08

컨택센터 서비스 기업의
서비스-수익 체인

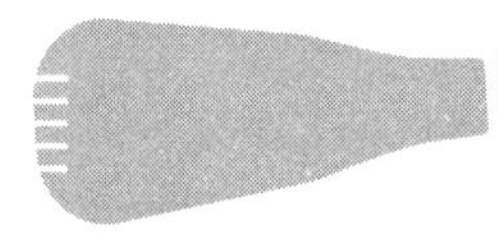

컨택센터 서비스와의
만남

글로벌 보험사인 ING에서 오랜 기간 임원으로 근무한 경험이 있다. 재무책임자인 CFO부터 COO(운영 및 서비스), CIO(정보시스템), CSO(영업), CHRO(인사) 등 여러 기능의 책임자로 일하였다.

2001년 CFO에서 COO로 직무가 바뀌면서 제일 먼저 시작한 프로젝트가 콜센터(컨택센터)의 구축이었다. 그동안에는 특별히 콜센터라는 별도의 기능 없이 서비스 부서 직원들이 고객을 응대하는 초기 수준의 서비스를 제공하고 있었다. 하지만 당시 회사가 급속도로 성장하면서 고객과 영업 사원을 직접 지원할 수 있는 콜센터의 기능이 절실하였다. 어쩌면 다소 늦었다고 표현하는 것이 더 적절할 것 같다. 그때 콜센터의 운영에 대해 지식과 경험이 일천했던 회사는 콜센터 구축 프로젝트를 맡길 만한 전문 기업을 찾던 중 M사를 만나게 되었다. M사의 지원으로 그 당시 기능과 환경 면에서 최첨단이라고 할 수 있는 콜센터를 구축하고 차질 없이 운영할 수 있었다. M사와 저자와의 인연은 이렇게 시작되었다.

콜센터를 오픈한 후에도 업무적으로 계속 협업하며 함께 콜센터를 운영하였고, 상당한 시간이 지난 후 콜센터 업무가 아웃소싱(BPO, business process outsourcing) 방식으로 전환되면서 M사는 ING의 BPO 파트너로서 협력 관계를 유지해왔다.

이때 갖게된 M사에 대한 신뢰와 이후 컨택센터 아웃소싱(BPO) 분야를 지속적으로 리딩하고 있는 M사의 모습을 보면서 M사의 사례를 조사해보기로 마음먹고 M사의 협조를 얻어 사례 연구를 시작하게 되었다.

대부분의 기업들은 성숙기로 들어가면서 경쟁 기업의 출현과 함께 레드오션(red ocean)이라고 불리는 치열한 가격 경쟁의 장으로 빠지게 된다. 그러면 나름대로의 경쟁력을 확보하기 위하여 내부적으로 생산성을 향상시키고 프로세스를 개선하여 가격을 인하시키려고 노력한다. 농시에 같은 수준의 가격에서는 품질이 경쟁력으로 크게 작용하므로 품질을 향상시키기 위하여 다양한 노력을 기울인다. 가격과 품질의 개선 활동에 추가하여 기업은 고객에 대한 서비스를 개선하고 고객과의 관계 유지를 강화하기 위하여 여러 가지 시도를 한다. 경제가 발전하고 기술이 고도화될수록 서비스(service)와 고객과의 관계(customer relationship)는 더욱 중요해지기 때문이다. 이러한 관점에서 경영자는 기업의 지속 성장을 위하여 단기적인 재무 성과뿐만 아니라 기업의 근간을 튼튼하게 하며 장기적인 성과의 원천이 되는 서비스에 대해서도 지속적으로 관심을 기울여야 한다.

현장에서는 서비스를 대면 서비스와 비대면 서비스, 그리고 전문 서비스와 일반 서비스로 구분하여 전략을 수립한다. 컨택센터 서비스를 아웃소싱 방식으로 제공하는 M사와 같은 BPO 기업은 비대면 서비스를 제공하는 기업으로, 전문 상담 서비스와 일반 상담 서비스를 함께 제공하고 있다. ATM(automatic teller machine)과 같은 서비스 기계가 아닌 사람이 직접 제공하는 서비스의 품질은 고객만족을 급격하게 향상시킬 수 있다는 연구 결과를 보면서 서비스 직원이 제공하는 서비스의 중요성을 한 번 더 인식하여야 할 것이다.

산업에 관계없이 서비스 관련 업무의 상당 부분이 사내(in-house)에서 수행하던 업무에서 외부의 전문 기업에 위탁(outsourcing)하는 형태로 변화하고 있다. 고객에게 상담 서비스를 제공하는 것이 주된 업무인 컨택센터(콜센터)를 서비스 전문 BPO 기업에게 위탁하는 방식이 시장의 트렌드로 정착되고 있는 것이다. 이러한 시장의 변화를 고려하면서 서비스의 제공을 본업으로 하는 컨택센터 BPO 기업에서 S-PC 모델의 사례를 찾아 간접적이지만 함께 경험해보는 것은 서비스와 관련된 직무에 종사하는 분들에게는 의미 있는 경험이 될 것이다.

우리나라에 컨택센터의 서비스를 대행하는 BPO 모델을 처음으로 도입하였고, 동업계에서 이 분야의 선도 기업으로 인식되고 있는 M사의 사례를 통하여 그들의 서비스 전략과 실행 내용을 함께 알아보

자. M사의 서비스 전략과 실행 내용을 나열하고 설명하는 방식에서 한 단계 더 나아가, 저자 개인적으로 서비스 분야의 관리자들에게 추천하는, 실제로 실무적으로도 많이 참고하고 있는 S-PC 모델을 이용하여 M사의 서비스 전략과 실행 내용을 살펴보려고 한다.

사례의 조사는 주로 인터뷰를 기초로 하였고, 재무 자료와 같이 공개적으로 수집이 가능한 자료들은 공개된 자료를 활용하였다. S-PC 모델에서 제시하는 요인과 성과 경로를 중심으로 지난 20년 동안 M사가 추구해온 서비스 전략과 실행 내용들을 살펴보았다. 컨택센터 BPO 산업의 선도 기업으로서 M사가 새롭게 시도한 제도나 아이디어들도 함께 찾아보면서 S-PC 모델의 시각에서 그 의미를 해석해보았다. 사례 조사의 대상이 컨택센터 BPO 분야이므로 M사의 다른 사업 영역은 조사에서 제외하였다.

컨택센터 BPO의
선구자

M사는 1990년대 초반에 컨택센터에서 사용하는 소프트웨어를 개발하는 솔루션 전문 회사로 출발하였다. 90년대 중반까지는 소프트웨어의 개발 및 유지 보수를 주된 사업으로 운영해왔다. 그러던 중 시장에서 특별한 이벤트(market event)가 발생하거나 일시적인 판촉 행사 등으로 전화가 폭주할 때 고객사들이 감당을 못하며 어려워하는

상황을 보게 되었다. 이러한 상황을 가볍게 여기지 않고 거기에서 새로운 사업의 니즈를 발견하게 되었고, 그것이 컨택센터의 서비스를 대행하는 BPO 사업이 되었다.

지금처럼 컨택센터에 대한 필요성이나 이해가 보편화되지 않았던 당시에 컨택센터의 서비스를 아웃소싱한다는 새로운 비즈니스 모델을 고객사에게 이해시키는 것은 쉽지 않았다. 하지만 '아시아 재정위기(IMF 위기)' 시기를 거치면서 아웃소싱에 대한 이해와 니즈가 함께 증대되었고, 컨택센터 서비스의 아웃소싱, 즉 BPO 사업이 새로운 비즈니스로 자리를 잡아가게 되었다.

컨택센터 BPO 사업을 시작할 때 M사는 과감하게 미국의 스프린트 텔레센터즈(Sprint TELECENTERs Inc.)로부터 컨택센터 운영의 전반에 대해 컨설팅을 받고, 컨택센터 운영에 관한 인증(STI worldwide alliance of call centers)을 획득하였다. 스프린트 텔레센터즈의 컨설팅 과정을 통하여 습득한 컨택센터 운영에 대한 지식과 교육 자료, 그리고 당시 컨설팅에 참여한 인력들이 이후 M사의 차별화된 경쟁력이 되었다. 하지만 당시에는 지적재산권에 대한 개념이 부족하였고, 벤치마킹이라는 명목 아래 M사의 컨택센터 운영 노하우(know-how)는 다른 경쟁사로 쉽게 전파되었다. 그러면서 자연히 M사의 컨택센터 운영 방식이 우리나라 컨택센터 운영의 교과서가 되었다. 또한 M사에서 양성된 전문 인력들이 다른 경쟁사로 이동하면서 M사는 시장에서 컨택센터의 사관학교라고 불리게 되었다.

이렇게 시작한 컨택센터 BPO 사업은 현재까지 내부적으로는 M사의 주력 사업으로 자리잡고 있으며, 시장에서 M사는 컨택센터

BPO 업계를 선도하고 있다. 2015년 연말 기준으로 연간매출액 1,300억 원 그리고 100여 곳의 컨택센터(site)에서 4,000여 명의 상담사(CSR)가 서비스를 제공하는 BPO 전문 회사로 성장하였다. 2005년부터 코스닥에 상장되어 있다.

사업의 구성과 내용

M사의 사업은 컨택센터 서비스, IT 솔루션 구축, 시설임대(ASP, Application Service Provider), 인재파견의 4가지 부문으로 운영되고 있다. 그리고 미래의 먹거리를 준비하는 신수종 사업 전략의 일환으로 테마파크 조성 사업을 장기적으로 검토하고 있다. 테마파크는 전형적인 서비스 산업으로 '서비스 인력의 운영 능력'과 '서비스 지원 시스템 및 프로세스'가 핵심 경쟁력(core competency)으로 요구되는 사업이다. 그래서 M사는 컨택센터의 서비스 및 솔루션 구축 사업에서 체득한 서비스 인력의 운용 경험과 시스템 개발 능력을 테마파크 사업에 연계하겠다는 중장기적인 계획을 세웠다.

컨택센터 서비스 사업은 컨택센터의 운영(operation), 품질보증(QA), 교육훈련, 컨설팅 등의 사업을 수행하고 있다.

운영 부문은 약 4,000명 이상의 CSR들이 정부 부처 및 공공기관을 포함한 다양한 산업군의 고객사(clients)와 고객(end-users)을 위하여 컨택센터 서비스를 제공하고 있다. 품질보증 부문은 상담 서비스의 품질 평가, 경쟁사 서비스에 대한 모니터링, 고객만족도 조사 등의 업무를 수행한다. 교육훈련 부문은 컨택센터의 전문 인력을 양성하기 위한 교육과정을 제공하는 사업이다. M사가 컨택센터 사관학교로 인식되면서 외부로부터 컨택센터와 관련된 교육훈련 요청이 증가하였고, 이러한 교육 니즈를 모듈화하여 교육훈련 사업으로 발전시키고 있다. 컨설팅 부문은 M사가 시스템 개발, 상담 서비스, 교육훈련, 서비스 평가 등 컨택센터 운영에 필요한 전반적인 지식과 경험을 보유하고 있으므로 신규로 컨택센터를 구축하려고 계획하거나 현재 운영 중인 컨택센터를 개선하고자 하는 기업에 컨설팅을 제공하는 사업을 수행한다. 컨택센터 운영에 대한 진단, 프로세스 개발, 시스템 구축 등과 같이 컨택센터의 운영 효율을 극대화하기 위한 컨설팅 서비스를 제공하고 있다.

솔루션 구축 사업은 컨택센터의 운영에 필요한 첨단 솔루션들을 제공하는 사업을 수행한다. 컨택센터 상담 애플리케이션(application), 운영관리 자동화 시스템, 녹취 시스템 등의 솔루션을 개발하여 각 기업에 제공하고 있다. 상담 애플리케이션은 보험회사의 컨택센터를 중심으로 사용자들로부터 호평을 받고 있으며, 운영관리 자동화 시스템은 걸려오는 전화량의 예측을 가능하게 하는 시스템으로 단기적으로는 상담사의 교육, 휴가, 채용과 같이 인력의 수급 관리나 탄력적 운용에 이용되며, 장기적으로는 인력 계획이나 시설 계획의 수립 등에 활용되고 있다. 최근에는 전화량 예측에서 내방고객 예측으로 진일보하여 현재 63빌딩과 같은 테마 빌딩에서 내방고객 예측

시스템으로 이용되고 있다. 컨택센터 솔루션은 그 자체로도 사업의 중요성이 있지만 컨택센터 서비스 사업에 핵심역량을 제공한다는 점에서 더 큰 의미를 가지고 있다.

시설임대(ASP) 사업은 자체적으로 컨택센터를 구축하기 어려운 기업에게 컨택센터의 시설과 시스템을 임대 형식으로 제공하는 사업이다. 초기 투자 비용을 감당하기 어렵거나 컨택센터의 시설이나 시스템에 대한 지식과 경험이 부족한 기업에게 턴키(turnkey) 방식으로 컨택센터와 시스템을 제공함으로써 고객사와 함께 윈윈(win-win)할 수 있는 사업 모델이다. 특히 대부분의 외자계 기업들은 자산 취득을 위한 내부 승인 절차의 복잡성으로 자본적 지출(투자) 방식보다 비용화(임차) 방식을 선호한다. 그래서 M사는 고객사의 내부 기준과 국제 기준에 적합한 컨택센터를 구축한 후 임대차 계약을 통하여 시설과 시스템을 임대하고 있다. 이러한 시설임대 방식은 상담 서비스를 하는 컨택센터뿐만 아니라 직접적으로 영업 활동을 수행하는 텔레마케팅 센터에서도 많이 이용하고 있다.

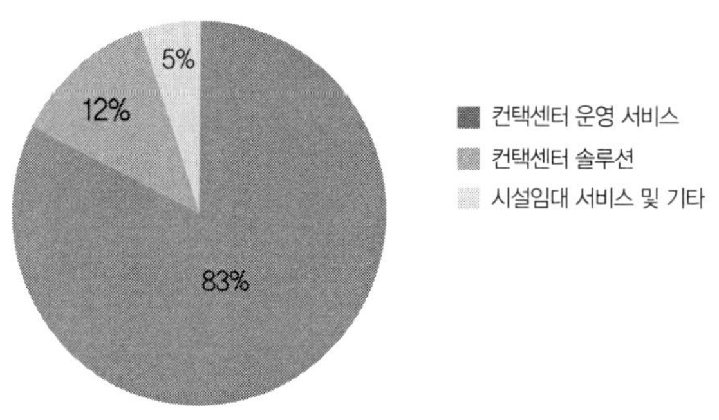

〈그림 8-1〉 M사의 사업 구성

상담 서비스의 전략과 실행,
그리고 서비스-수익 체인 모델

M사의 서비스 전략과 실행을 S-PC 모델의 프리즘을 통하여 찾아보았다. 그래서 S-PC 모델에서 제시하는 요인과 경로를 따라 ① 내부서비스 품질, ② 업무 역량과 직원 만족도, ③ 직원 충성도, 생산성, 서비스 품질, ④ 서비스 가치, ⑤ 고객만족도와 충성도, ⑥ 경영성과의 순서로 M사의 전략과 실행 내용을 살펴본다.

1) 내부서비스 품질

내부서비스 품질은 작업장 설계(workplace design), 업무 설계(job design), 의사 결정권, 인력 선발, 인력 개발, 보상(rewards) 및 인정(recognition), 정보, 커뮤니케이션, 서비스 제공을 위한 적합한 수단(tools) 등 서비스 업무를 수행할 수 있도록 사전에 준비되어야 하는 요소의 품질을 말한다. 그리고 이러한 내부서비스 품질은 직원 만족, 업무 역량, 생산성, 서비스 품질 등에 직접적인 영향을 준다고 S-PC 모델은 설명한다.

정보(IT) 기술이 빠르게 발전하면서 데이터의 활용과 서비스 대기 시간(service waiting time)의 중요성이 강조되는 현상을 고려하면 정보 기술의 활용은 고객만족 전략의 실행을 위한 핵심적인 요소가 된다. 앞에서 소개한 바와 같이 M사는 컨택센터에서 사용하는 솔루션(소프트웨어)의 개발 회사로 출발하였다. 따라서 '서비스 제공을 위한 적합한 수단'에서 의미하는 시스템 부분은 이미 충분한 기술력과 경험을 보유한 상태에서 컨택센터 BPO 사업을 시작했다고 보여진다. 예를 들면 컨택센터 상담 애플리케이션, 운영관리 자동화 시스템, 녹취 시스템 등의 솔루션들을 M사의 연구소에서 이미 개발하여 보급하고 있었다. 즉 '서비스 제공을 위한 적합한 수단' 부분은 다른 경쟁사에 비해 이미 경쟁우위에 있다고 보아도 무방할 것이다.

기존에 완성된 솔루션에 부가하여 M사의 고객사가 직면한 업무의 특수성을 반영하여야 할 경우 기존 시스템을 쉽게 수정할 수 있는 역량 역시 또 다른 경쟁력이 된다. 이와 더불어 다양한 컨택센터에 솔루션을 적용시킨 경험과 고객사와 협업하여 새로운 시스템을 개발하면서 자연스럽게 컨택센터의 업무 설계, 프로세스, 커뮤니케이션 등 필요한 부분을 고객사로부터 벤치마킹할 수 있다. 이처럼 IT 솔루션에 대한 경쟁력이 컨택센터 BPO 사업의 전개에 커다란 도움이 되었음을 부정할 수 없을 것이다.

M사는 컨택센터 BPO 사업 초기에 스프린트 텔레센터즈(Sprint TELE-CENTERs Inc.)로부터 컨택센터 운영의 전반에 대하여 컨설팅을 받아서 체계적으로 서비스를 공급할 수 있는 역량을 확보하였다. 컨설팅 과정을 통하여 작업장 설계, 업무 설계, 의사 결정 프로세스, 인력 선발, 인력 개발, 보상, 인성, 정보, 커뮤니케이션, 서비스 제공 수단(tool)과 같은 서비스 업무 활동에 관한 모든 준비를 완료하였고, 그 이후로도 컨설팅 과정을 통해 습득한 지식과 양성된 인력으로 자체적으로 개선이 가능한 기반을 구축해놓았다. 컨설팅 과정을 통하여 상담 프로세스를 표준화할 수 있었고, 이러한 과정에서 만들어진 표준화된 서비스로 고객들이 느끼는 서비스 품질에 긍정적인 영향을

줄 수 있었다.

직원의 90% 이상이 감정근로자인 상담사(CSR)이므로 상담 업무 중심으로 업무 공간을 디자인하였고, CSR의 스트레스를 줄일 수 있도록 쾌적한 상담 시설과 부대시설을 제공하고 있다. CSR에게 필요한 휴게 공간과 휴게 시설(안마의자, 침대 등) 등을 설치하여 CSR의 정신적 육체적 건강관리에도 많은 지원을 하고 있다.

2) 업무 역량과 직원의 만족도

145쪽의 〈그림 6-2〉에서 보듯이 업무 역량과 직원 만족도, 직원 만족도와 직원 충성도, 그리고 업무 역량과 서비스 품질은 서로 영향을 주고받는다고 S-PC 모델은 설명한다. 1994년에 처음 S-PC 모델이 제시되었을 때와 비교해보면 1997년에 수정 보완된 모델은 상호 영향을 주고받는 부분에 대하여 추가적인 보완을 하고 있다. 예를 들면 업무 역량이 개선되면 직원 만족도가 향상되고 역으로 직원 만족도가 향상되어도 업무 역량이 개선된다는 것이다.

S-PC 모델에서 제시하듯이 직원의 만족도를 향상시키기 위해서 제일 먼저 수립해야 할 전략과 실행할 과제는 업무 활동의 내부품질, 즉 내부서비스의 품질을 개선시키는 것이다. 고객과의 접점에서 서비스를 제공하기 위해서는 서비스를 제공할 수 있는 환경, 프로세스, 시스템 등 업무 활동을 위한 제반 여건들이 제대로 갖추어져야 할 것이고, 고객의 기대 수준을 만족시킬 수 있는 서비스를 제공할 수 있도록 CSR에게 상품과 관련 업무에 대한 교육훈련이 이루어져

야 할 것이다. 이러한 선결 과제들이 해결되지 않고서는 업무 역량이나 직원 만족도를 향상시키기는 매우 어렵다. 이 부분의 준비나 개선 없이 급여나 복리후생과 같은 금전적 보상 분야의 개선으로 직원 만족도를 향상시키겠다고 시도하는 기업들을 많이 보아왔다. 이것은 단기적으로 반짝 효과는 있을지 모르지만 장기적으로는 대부분 실패하거나 오히려 또 다른 불만족을 초래하는 악순환을 초래하기 쉽다.

M사의 기초 경쟁력은 M사가 시스템 개발 회사로 출발했다는 것이다. 그리고 초기 전략의 성공, 즉 이 방면의 전문가인 스프린트 텔레센터즈의 컨설팅을 통하여 컨택센터 운영의 모든 것을 제대로 이해하고 사업을 전개한 것이다. 이것이 M사가 컨택센터 분야에서 높은 수준의 업무 역량을 보유할 수 있는 기반이 된 배경으로 판단된다.

다른 서비스 직무에서도 마찬가지이지만 컨택센터 CSR의 경우 CSR 스스로 상담 업무에 흥미를 가지고 성취감을 느낄 때 직원 만족도는 향상된다. 이런 관점에서 M사는 관계 지향적(interpersonal)인 직무를 좋아하는 사람을 채용하고 이들에게 상담 스킬, 상품, 업무 프로세스 등에 대한 교육을 충분히 제공하고 있다. 이후 지속적인 피드백과 코칭으로 일에 대한 성취감과 자신감을 갖도록 지원한다. 이것이 M사의 직원 만족도 향상을 위한 기본적인 접근 방법이다.

컨택센터 운영에 대한 경험이 축적되면서 서비스 능력이 우수하고 이직률이 낮은 CSR들의 입사 경로를 추적 분석하였다. 그 결과 동료 CSR의 추천을 통해 입사한 집단이 업무 능력이 뛰어나고 조직에 대한 충성도 또한 높다는 사실을 발견하였다. 그래서 지금은 직원 추천에 의한 채용 방식을 가장 선호하며 추천 인센티브를 지급하면서 적극적으로 활용하고 있다. 실무적으로 이러한 채용 방법을 MGM(members get members) 방식이라고 한다. MGM 채용 방법을 통하여 입사한 직원들이 채용 광고나 채용 포털 등을 통하여 입사한 직원보다 태도, 근무 성과, 정착률 등 여러 부문에서 우수하므로 직원 추천 채용 제도를 적극 권장하고 있다. 직원의 추천으로 채용된 CSR이 3개월 이상 근무할 경우 회사는 추천자에게 금전적 인센티브를 제공하고 있다.

이러한 직원 추천 채용 방식을 선호하는 배경에는 관계 지향적인 사람인지 아닌지를 알기 위해서는 상당한 기간 동안에 서로 교류가 있어야만 가능하다는 것을 알게 되었기 때문이다. 관계 지향적인 사람이 교육훈련을 통하여 상담 서비스를 제공할 수 있는 업무 역량을 갖추게 되면 일에 대한 흥미와 자신감으로 높은 품질의 서비스를 제공하게 된다. 그리고 서비스를 제공하고 고객의 문제를 해결하는 과정에서 CSR 스스로 성취감과 자존감을 느끼게 되며, 그 성취감과 자존감은 직원 만족도에 긍정적인 영향을 미치는 것이다.

CSR에 대한 교육은 고객사가 판매하는 상품과 부속 업무에 대하여 전문적인 상담을 제공할 수 있는 수준까지 내부 교육 프로그램에 의하여 진행된다. 정형화된 교육 프로그램에 추가하여 녹취된 상담 내용을 근거로 상담 QA(quality assurance) 담당자와 전문 QA 담당자의 피드백이 제공된다. 상담 QA는 상담 통화의 응대 방식을 중심으로 상담 스킬(skill)을 모니터링 한 후 피드백을 제공하며, 전문 QA는 해당 컨택센터의 상품 및 업무 전문가로서 상담 내용의 품질을 모니터링하고 피드백을 제공한다.

컨택센터에서는 슈퍼바이저(supervisor, 1차 관리자)와 센터장(2차 관리자)의 코칭이 지속적으로 이루어진다. 이 과정을 통하여 특별히 상담하기 어려운 케이스나 CSR이 스트레스를 많이 받은 건들에 대해 해결안을 공유하고 감정적 유대감을 형성한다.

컨택센터 BPO 사업부의 관리 직원들에게도 상담 서비스에 대한 지식과 이해도를 높이기 위하여 전문 자격증인 콜센터관리자인증자격(CCCM) 시험을 권장하여 사업 본부 직원의 30% 이상이 이 자격을 보유하고 있다.

M사는 금전적 보상뿐만 아니라 비금전적 감성적 관리로 직원을 지원하고 보호하는 데 많은 노력을 기울이고 있다. 전체 구성원 중 80% 이상이 여성 인력이고 95% 이상이 고객접점에서 직접 상담 서비스를 제공하므로 이들에 대한 감성적 관리는 매우 중요하다. CSR의 급여 수준은 이미 시장에서 평준화가 진행되고 있으며, M사의 급여 수준이 경쟁사들보다 우위에 있지만 경영진은 금전적 보상으로 직원을 만족시키는 데에는 한계가 있다는 사실을 인식하고 있다.

M사는 시각장애인 안마사를 정규 직원으로 채용하여 각 컨택센터를 순회하면서 CSR에게 마사지 서비스를 제공하고 있다. 이 아이디어는 두 가지 시사점을 제공한다. 첫째는 CSR에 대한 회사의 관심과 보호(care)이다. S-PC 모델에서 설명하는 인정(recognition)의 실행이다. 외부의 마사지 센터를 이용하는 일반적인 서비스의 제공이 아니라 안마사를 정규 직원으로 채용하여 마사지 서비스를 제공함으로써 동료로부터 지원과 보호를 받는다는 특별한 느낌을 전달하는

것이다. 더불어 M사는 이 제도를 통하여 한국장애인고용공단으로부터 장애인고용 우수사업체로 선정되었다. 이러한 내용이 고객(end-user), 고객사(client) 그리고 특별한 이해관계가 없는 일반인들에게도 알려지면서 자연스럽게 기업의 사회적 책임(CSR, corporate social responsibility) 및 공유가치창조(CSV, create shared value)의 성과로 연결되고 있다.

전형적인 감정근로자인 CSR의 심리적 스트레스를 치유하기 위하여 심리 상담사를 컨택센터에 파견하여 심리 상담이 필요한 CSR에게 전문적인 심리 상담을 제공하고 있다. 거칠거나 까다로운 고객으로부터 마음의 상처를 받은 CSR에게 심리 상담 프로그램을 통하여 그들의 스트레스를 완화시키는 것이다. 우수 CSR의 해외연수/여행 프로그램을 컨택센터 BPO 업계에서 최초로 시행하였으며, 네일아트 서비스와 같은 여러 가지 감성관리 프로그램을 계획 중에 있다.

M사는 업무 역량을 높이고 직원 만족도를 향상시키는 방법으로 기본에 충실하면서 감성적 관리에 많은 관심을 기울이고 있다는 점이 특별하다. 다만 공식적이고 정기적으로 직원 만족도 조사를 시행하고 있지 않는 점은 아쉬움으로 남는다. 종업원의 생각과 만족의 정도를 파악하기 위해서는 전문가의 도움을 얻어 조사 문항을 개발하고, 정기적으로 직원 만족도 조사를 실시하여 직원들의 생각과 욕구를 파악하고 그 결과에 따라 개선 방안을 찾아가는 것이 필요해 보인다.

3) 직원 충성도, 생산성, 서비스 품질

앞의 〈그림 6-2〉에서 설명하듯이, 직원의 충성도와 생산성 및 산출물의 품질은 서로 영향을 주고받으며, 서비스의 품질 역시 생산성 및 산출물의 품질과 상호 영향을 주고받는다. 직원이 소속한 조직에서 계속 근무하려는 의향(intention to stay)은 직원의 충성도를 가늠하는 중요한 잣대이다. 그래서 직원의 이직률(정착률의 반대 개념)은 직원의 충성도를 측정하기 위한 중요한 척도로 사용된다.

M사는 CSR의 근속 기간이 경쟁사에 비해 상대적으로 안정적이다. 직원의 이직률이 상대적으로 낮게 나타나는 것은 S-PC 모델에서 설명하는 바와 같이 직원의 만족도를 높이기 위하여 그동안 회사가 수행해온 전략과 실행에 기인한다.

낮은 이직률에 상당한 영향을 미쳤을 것으로 생각되는 경영철학과 관련된 실행 사례를 하나 소개한다. M사는 코스닥에 상장하기 전에 주식의 일부를 우리사주제도를 통하여 직원들에게 배부하였다. 우리사주를 배분할 때 직원이 관리직군에 속하는지 혹은 상담직군에 속하는지 구분하지 않은 채 회사의 근속기간을 기준으로 우리사주를 배부하였다고 한다. 이러한 접근은 현재도 그렇겠지만 낭시도서는 획기적인 사건으로 여겨졌다.

아직도 일부 기업에서는 직원을 관리직군과 상담직군으로 구분하고 상담직군을 관리직군의 하위 구조로 인식하는 분위기가 존재하고 있다. 이러한 사고방식을 M사는 10년 전에 이미 파괴한 것이다. 상담직과 관리직의 구분은 업무 수행을 위한 직무의 분류이지 신분이나 계층을 의미하는 것이 아니라는 회사의 메시지이며, 동시에 회사에 대한 기여도와 충성도에 따라 대우하고 보상한다는 경영철학을 실제로 보여준 사례이다. 이러한 경영철학의 실행과 기업문화의 정착이 낮은 이직률(높은 정착률), 즉 높은 직원 충성도로 연결되었다고 판단된다.

멕시칸 푸드 전문업체인 타코벨(Taco Bell)의 사례를 보면, 이직률 순위로 하위 20% 점포들과 상위 20%의 점포들을 비교한 결과 이직률이 낮은 점포군에서 매출액은 100%, 이익은 55%가 더 높게 나타났다고 한다. 이러한 사례 분석을 통하여 서비스 직원의 이직률이 경영성과에 미치는 영향이 얼마나 지대한지 알 수 있으며, M사 직원들의 낮은 이직률이 회사의 성과에 크게 기여하였을 것으로 짐작할 수 있다.

컨택센터의 생산성은 KPI(key performance indicator)로 관리된다. KPI는 내부적으로 성과 관리, 교육훈련, 프로세스 개선 등을 위해 중요하게 관리되고 또 활용되고 있다. 〈표 8-1〉은 M사의 컨택센터에서 관리하고 있는 KPI들에 대한 샘플이다. 고객사별로 요구하는 KPI가 다르므로 컨택센터별로 각기 다른 KPI를 선정하여 관리한다. 고객사의 관점에서는 KPI를 통해 컨택센터의 서비스가 BPO 계약서에 합의된 대로 잘 수행되는지 혹은 다른 경쟁 기업의 컨택센터와 비교하여 어떠한 수준으로 서비스가 제공되고 있는지를 파악할 수 있는 일종의 벤치마크가 된다.

〈표 8-1〉 M사에서 운영하는 컨택센터의 KPI 관리 현황의 예

	응대율	서비스 레벨	생산성	고객만족도	상담 품질
A센터	99%	95%	102건	90점	93점
B센터	95%	91%	100건	97점	90점
C센터	90%	84%	–	–	85점
D센터	90%	80%	–	–	–
E센터	97%	95%	–	–	91점
F센터	98%	84%	–	–	–
G센터	97%	70%	–	–	–
H센터	95%	95%	–	–	–
I센터	85%	–	–	95점	90점

KPI는 서비스 제공자(BPO 회사)와 의뢰자(고객사) 사이의 협약인 서비스 수준 합의(SLA, service level agreement)의 중요한 구성 요소가 된다. 컨택센터 BPO 계약에서 합의한 대로 KPI의 성과에 따라 고객사로부터 인센티브가 제공되기도 하고 반대로 페널티가 부여되기도 한다. 현장에서는 금년도 KPI의 성과는 차년도의 컨택센터 BPO 서비스에 대한 재계약이나 새로운 고객사와 계약을 진행할 때 중요한 평가 요소가 되며, 의사 결정에 직접적이며 강력한 영향을 주게 된다.

KPI는 M사 내부적으로도 계속 관리되어 성과가 낮은 KPI에 대해서는 별도의 계획을 세워 향상시킬 수 있는 방법을 모색한다. KPI 결과는 정기적으로 고객사와 공유되며 시장 변동에 따른 일시적 문제인지 아니면 컨택센터의 구조적 문제(예, 인력, 시스템, 운영 능력)에 기인하는 것인지를 파악하여 해결책을 강구한다. 한편 KPI의 성과 저하가 고객사의 문제에서 기인한다고 판단되면(예, 신상품의 품질 불량) 고객사에 관련 정보를 전달하고 문제의 해결을 위해 함께 협업한다.

4) 서비스 가치

서비스 가치는 고객가치 방정식(customer value equation)을 통하여 조금 더 자세히 이해할 수 있다. 서비스 가치는 '고객에게 제공된 결과물과 프로세스 품질의 합'을 '고객이 지불한 가격과 서비스를 획득하는 데 소요된 비용의 합'으로 나눈 것이다. 품질과 생산성의 개선은 '더 높은 서비스 품질'과 '더 낮은 코스트'를 가능하게 하여 서비스 가치를 상승시키게 한다.

컨택센터는 주로 전화라는 통신수단을 이용하여 고객의 질문에 응대하거나 고객의 문제를 해결하는 서비스를 제공하므로 '서비스 과정의 편익'이 서비스 가치의 판단에 중요한 역할을 하게 된다. 그래서 고객은 서비스를 받기 위해 소요된 '시간비용'을 중요하게 생각한다. 이러한 관점에서 볼 때 M사가 컨택센터를 위한 시스템 개발 회사로 출발한 것은 다른 경쟁사가 쉽게 벤치마킹할 수 없는 경쟁우위의 요소가 되었고, 사업 초기에 해외의 전문 기관으로부터 컨설팅을 받아 운영 프로세스와 교육훈련 프로그램을 표준화시키고 정착시킨 점 또한 차별화된 경쟁력을 가지는 데 큰 기여를 하였다.

상담 애플리케이션을 이용하여 고객 데이터베이스와 상담 이력 등을 동시에 조회하면서 서비스를 제공할 수 있도록 하였고, 녹취 시스템을 통하여 과거의 상담 내용을 쉽게 확인할 수 있어 서비스 과정의 편익을 향상시킬 수 있었다. 하지만 가장 중요한 '서비스 과정의 편익'은 고객이 원할 때 CSR과 연결되고 상담이 가능하도록 하는 것이다. 운영관리 자동화 시스템은 전화의 인입량을 예측하는 시스템으로 이 시스템을 이용하여 CSR의 추가 투입과 같은 의사 결정을 할 수 있다. 이처럼 경쟁력 있는 솔루션(시스템)을 이용하여 고객에게 더 나은 '서비스 과정의 편익'을 제공할 수 있었다.

M사는 컨택센터의 업무 특성에 따라 각 컨택센터별로 상당한 수의 전문 상담 인력을 확보하여 운영하고 있다. 자동차 관련 산업인 H사의 컨택센터는 CSR의 15%가 자동차정비사 자격을 보유한 자동차 전문 CSR로 구성되어 있으며, 이들은 고객들에게 자동차의 기술적인 부분에 대해서도 서비스를 제공하고 있다. P보험사의 컨택센터는 CSR의 20%가 변액상품 판매관리사 자격을 갖춘(컨택센터의 자체 인증제도를 포함할 경우 90% 이상) 전문 CSR이며, 이들은 변액보험의 펀드 운용과 관련된 전문적인 내용까지 서비스를 제공한다. 외국인 관광객이 주로 이용하는 K사의 컨택센터는 대부분 외국어 상담이 요구되므로 90% 이상의 CSR이 외국어로 상담 서비스를 제공하고 있으며, 관광통역안내사 자격을 보유한 CSR도 20%에 달한다. 마찬가지로 면세점과 명품 하이브랜드 회사들의 컨택센터는 50% 이상의 CSR이 외국어로 서비스를 제공하고 있으며, 그 비중이 점차 증가하는 추세이다. 건강 관련 공기업과 건강검진기관의 컨택센터는 간호사와 간호조무사를 전문 CSR로 확보하여 의료 지식을 바탕으로 한 서비스를 제공하고 있다. 이처럼 전문 상담사의 확보와 정착은 수준 높은 서비스를 가능하게 하며 고객에게 증대된 서비스 가치를 전달할 수 있게 한다.

M사는 지난 20년 동안 다양한 고객사의 고객들에게 서비스를 제공하면서 많은 경험을 축적해왔다. 일반적인 상상을 뛰어넘는 특별

한 상담 건들을 접하고 해결해내는 과정에서 문제 해결 능력이라는 무형의 자산을 보유하게 되었다. 이러한 역량이 결국 M사의 경쟁력이 되었고 고객에게 전달하는 서비스의 가치를 증대시키게 하였다. 그러나 현재까지 내부적으로 서비스 품질이나 서비스 가치를 계량화하지는 못하고 있으며, SERVQUAL과 같이 이미 개발된 모델들을 참고로 하여 M사의 실정에 맞는 서비스 품질 및 서비스 가치의 측정 방법을 연구 중에 있다.

5) 고객의 만족도와 충성도

직원의 만족도와 충성도가 상호 관계를 갖는 것과는 달리, 고객의 만족도는 충성도에 일방향으로 영향을 주며, 고객 충성도는 수익과 수익성에 영향을 준다고 S-PC 모델은 제시한다. 잘 디자인되어 전달된 서비스(service designed and delivered)가 고객의 니즈를 충족시킬 때 고객은 만족한다. 그리고 고객의 충성도가 개선되면 고객의 평생가치(customer lifetime value), 고객 유지율(retention), 재구매율(repurchase)이 향상되고 추천(referral)이 증가한다.

컨택센터 BPO 서비스의 고객만족도는 두 가지 측면을 고려해야 한다. 하나는 CSR로부터 직접적으로 서비스를 제공받는 고객(end-user)이며, 다른 하나는 BPO 계약을 통하여 컨택센터의 서비스를 위탁한 고객사(client)이다.

대부분의 경우 고객이 만족하면 고객사도 만족하게 된다. 컨택센터 서비스에 대한 고객의 만족도는 상당 부분 SLA(service level agreement)

에 명시한 KPI의 성과로 인지할 수 있다.

이 외에도 개별 컨택센터에서는 서비스를 제공한 직후 자동응답 시스템(ARS)을 이용하여 서비스의 만족도를 고객으로부터 직접 평가 받기도 하고, 때로는 외부 전문 기관을 통하여 서비스 품질을 평가 받기도 한다. 외부 전문 기관의 서비스 품질 평가를 통하여 간접적 이지만 고객사의 만족도를 유추할 수 있다.

한국능률협회에서 주관하는 컨택센터 서비스품질 평가지수(KSQI) 에서 M사가 BPO로 서비스를 제공하고 있는 많은 컨택센터들이 상 위에 랭크되어 M사의 서비스 역량을 보여주는 객관적인 지표가 되 고 있다

고객(end-user)의 만족과 고객사(client)의 만족은 고객사의 충성도를 향상시키게 되어 차년도에 컨택센터 BPO 계약 시 재계약(재구매)으 로 연결된다. 상품의 재구매율로 고객의 충성도를 파악할 수 있듯이 컨택센터 BPO 서비스에 대한 고객의 충성도는 BPO 서비스의 재계 약률과 고객사별로 누적된 서비스(계약) 연수로 설명될 수 있다. 최 근 5년간 M사의 컨택센터 BPO 재계약률은 90%를 상회하며 고객사 가 자체(in-house) 컨택센터를 개설하거나 자회사의 형태로 컨택센터 를 설립하는 경우를 제외하면 대부분의 경우 재계약이 이루어지고 있다.

K자동차, H자동차부품 전문 기업, H정보통신, S전자, L사, 글로 벌 기업 M사 등은 10년 이상 계속 컨택센터 서비스를 유지하고 있 으며, 글로벌 기업인 M사는 1999년부터 현재까지 서비스 계약을 지 속하고 있어 고객사의 충성도는 매우 높다고 이해된다.

B2B인 BPO 사업의 특성상 컨택센터 BPO 서비스를 기존 고객이 다른 회사(가망고객사)에게 M사를 추천하는 사례를 현실적으로 파악하기는 쉽지 않다. 다만 M사의 모든 고객사들이 그들의 브랜드를 M사의 추천 사이트(reference site)로 사용하도록 승인하고 있어 간접적으로나마 고객사의 추천(referral) 의향을 알 수 있다. M사의 고객사인 S전자는 과거 새로운 비즈니스를 출발시킬 때 M사의 컨택센터 서비스를 이용하였고 그 서비스에 대하여 매우 만족하였다. S전자의 자체 전략상 해당 비즈니스를 철수하면서 BPO 서비스 계약도 종료해야 할 상황에 이르렀다. 하지만 S전자는 해당 비즈니스는 철수하더라도 M사의 서비스 방식을 컨택센터 운영의 표준으로 이용하기 위해서 최소의 인원으로 BPO 계약을 유지하고 있다. 더불어 최소 규모의 컨택센터 서비스를 제공함에도 불구하고 S전자를 추천 사이트로 사용하도록 승인하고 있다. 이것은 B2B 비즈니스의 고객 충성도에 관련된 좋은 사례가 될 것으로 생각된다.

6) 경영성과

S-PC 모델에서는 경영성과를 재무적 성과인 수익의 증가(revenue growth)와 수익성 향상(profitability)으로 설명하고 있다. M사의 사례에서는 재무적 성과에 추가하여 비재무적 성과도 함께 소개하려고 한다.

충성도가 높은 고객은 재구매를 하게 되고 재구매는 단기적으로 영업 성과를 향상시킬 뿐만 아니라 장기적인 재무 성과를 만들어가는 동인(driver)으로 인식되고 있다. M사 고객의 재구매율(재계약률)은

90%를 상회하여 S-PC 모델에서 설명한 대로 영업 성과와 재무 성과의 주축이 되고 있다.

고객사(client)의 충성도를 향상시키기 위한 현재의 노력은 미래의 구매 행위, 즉 컨택센터 BPO 서비스의 재계약과 새로운 고객사의 확보에 영향을 주게 되며, 이러한 과정을 통하여 만들어지는 경제적 보상(economic return)은 장래에 재무적 성과로 실현될 것이다. 이러한 관점에서 S-PC 모델의 재무적 성과를 검토하기 위해서는 장기적인 관찰이 필요하다고 판단하여 지난 10여 년간의 재무제표를 검토하였다. S-PC 모델에서 설명하는 수익(revenue)과 수익성(profitability)은 매출액과 당기손익의 추이를 기본으로 검토하였고, 이익 지표로 많이 사용하고 있는 총자산이익률, 매출액순이익률, 자기자본이익률 등을 검토해보았다.

자료를 분석하던 중 관계사의 경영성과가 지분법으로 반영되어 당기손익은 S-PC 모델에서 찾고 싶은 이익과는 차이가 있다는 사실을 발견하게 되었다. 그리하여 컨택센터 BPO 서비스와 같은 M사 본연의 사업에서 발생하는 이익을 분석하기 위해서는 영업이익으로 분석하는 것이 더 타당할 것으로 판단하여 영업이익을 중심으로 살펴보았다.

2014년의 매출액은 1,300억 원으로 2003년의 매출액 500억 원에 비해 1.5배 이상 성장하였고, 영업이익은 금융위기를 겪었던 2010년을 제외하고는 매년 흑자를 실현하였다. 하지만 영업이익률은 2005년까지 증가하다가 그 이후로는 하락하는 추세로, 현재는 약 2% 전후의 수준을 유지하고 있다. 영업이익이 매출액의 성장과 비례하여 증가하지 않으며 영업이익률이 낮아지고 있다는 것은 수익 구조가 나빠지고 있다는 것을 의미한다. 현재 컨택센터 BPO 서비스 산업 자체가 가격 경쟁에 민감한 레드오션으로 이동하고 있는 것으로 해석된다.

M사는 국내 시장에 처음으로 컨택센터 서비스의 아웃소싱이라는 BPO 모델을 도입하였고, 컨택센터의 전문 인력을 양성하고 표준화된 운영 방식을 전파하여 컨택센터의 사관학교로 인식되고 있다. 컨택센터 BPO 기업 최초로 코스닥에 상장되어 이해관계자들로부터 공식적으로 컨택센터 BPO 사업을 인정받는 계기를 만든 점은 중요한 비재무적 성과라고 볼 수 있다. 이 외에도 나이스디앤비(NICE D&B Co., LTD.)로부터 기업신용평가등급 A- 인증, 한국표준협회로부터 KS 서비스 인증, 한국생산성본부로부터 ISO9001 인증 등을 받아 외부 전문 기관으로부터 재무 건전성, 표준화, 품질 등에 대한 성과를 인정받고 있다.

그동안 보여준 경영성과와 기여도를 인정받아 많은 수상을 하게 되었고, 이를 통하여 지명도와 브랜드 가치를 향상시키는 비재무적 성과를 만들어가고 있다. 한국컨택산업협회로부터 대한민국 컨택센터 대상을, 아시아-태평양 컨택센터협회로부터 Best Outsourcer Award를, 그리고 한국마케팅학회로부터 한국마케팅프론티어 대상을 수상하여 관련 협회나 학계로부터도 관심을 받고 있다.

국내 최초로 컨택센터 BPO 서비스라는 새로운 비즈니스 모델을 수립하여 고객에게는 한 단계 높은 품질의 서비스를 제공하였고, 고객사에게는 효율적인 컨택센터 운영 방안을 제시한 것 또한 비재무적 성과가 될 것이다. 그리고 현재 4,000명 이상의 직원을 정규직으로 고용하고 있어 일자리 창출에도 큰 몫을 하고 있다. 특히 전체 직원의 80% 이상이 여성 인력으로 상대적으로 취업의 기회가 낮은 여성들에게 안정된 일자리를 공급하고 자아실현의 기회를 제공하고 있어 사회적으로도 많은 기여를 하고 있다.

마무리

M사의 사례를 분석하면서 컨택센터 서비스를 제공하는 BPO 기업에서 S-PC 모델이 적용되는 내용을 살펴보았다. 즉, M사가 컨택센터 BPO 사업을 수행하면서 수립한 서비스 전략과 실행 내용들을 S-PC 모델을 통하여 찾아본 것이다. M사의 경영진이 처음부터 S-PC 모델을 이해하고 전략을 세우거나 실행한 것은 아니다. 하지만 실무적으로 많은 고민과 토론을 거쳐 전략과 프로세스를 개발하고 실행하였다. 이러한 사례들을 S-PC 모델이라는 창(window)을 통하여 살펴보았는데, S-PC 모델에서 제시하는 내용에 일지되는 선략과 실행 내용은 다음과 같다(〈표 8-2〉 참조).

첫째, '업무 활동의 내부품질'을 향상하기 위하여 솔루션 사업부의 시스템 개발 능력을 활용하였고, 사업 초기에 전문가로부터 컨설팅을 통하여 컨택센터의 운영 노하우(know-how)를 확보하였다. 그리고 근무 환경을 컨택센터의 기능과 CSR 중심으로 완성하였다.

둘째, '업무 역량과 직원 만족도'를 향상하기 위하여 먼저 내부서비스 품질을 향상시켰고, 관계 지향적 인력을 선발하여 체계적인 교육훈련과 지속적인 코칭으로 CSR의 역량을 강화하였다. 그리고 마사지 서비스와 심리 상담 등과 같은 프로그램으로 직원들을 감성적으로 관리하고 보호해왔다.

셋째, '직원의 충성도'를 향상하기 위하여 우리사주 배분의 사례에서 보듯이 경영철학을 충실히 실천하고 공유하였으며, '생산성과 서비스의 품질'을 향상시키기 위해서는 KPI를 중심으로 관리, 교육, 코칭하여 왔다.

넷째, '서비스 가치'를 향상하기 위하여 최적의 IT 솔루션을 구축하여 '서비스의 과정 편익'을 향상시켜왔고 전문 CSR의 채용 및 육성으로 고객에게 전문적인 상담 서비스를 제공하고 있다.

다섯째, '고객만족도와 충성도'를 향상하기 위하여 자동응답기능 (ARS)을 이용하여 상담 만족도를 측정하여 CSR에게 피드백을 하며, 각 컨택센터는 전문 기관으로부터 우수한 서비스 평가지수를 획득하여 고객사의 만족도를 향상해왔다. 그 결과 90% 이상의 재계약률을 달성하였고 고객사의 평균 서비스 기간도 약 5년으로 나타났다.

여섯째, '재무적인 성과'를 살펴보면, 매출액은 매년 성장하고 있지만 영업이익은 정체되고 있어 영업이익률은 하락하고 있다. BPO 산업 자체가 가격경쟁이 심화되는 레드오션으로 진입하고 있다고 생각된다. '비재무적인 성과'로 새로운 비즈니스 모델과 프로세스의 개발 및 도입, 컨택센터 전문 인력의 양성, 고객사와 고객의 만족도 향상, 각종 인증 및 수상 그리고 여성 인력의 고용 창출 등을 들 수 있다.

<표 8-2> M사의 서비스 전략의 실행과 S-PC 모델

주요 요인	M사의 전략 실행 및 성과
업무 활동의 내부품질	• 컨택센터 솔루션 보유, 개발, 수정, 유지 보수 능력 활용 • 컨설팅을 통한 컨택센터 운영 노하우의 확보 • CSR 중심의 근무 환경 구축
업무 역량과 직원 만족도	• 내부서비스 품질 개선 • 관계 지향적 인력 선발 • 체계적인 교육과 코칭 • 감성적 관리(마사지 서비스, 심리 상담 등)
직원 충성도, 생산성, 서비스 품질	• 경영철학의 실행과 공유(예, 우리사주 배부 기준) • KPI 관리
서비스 가치	• 최적의 IT 솔루션으로 서비스 과정 편익 추구 • 전문 CSR의 육성으로 전문 상담 서비스 제공
고객만족도와 고객 충성도	• 컨택센터별로 고객(end-user)만족도 측정 • 전문 기관의 서비스 평가지수로 고객사(client) 만족도 향상 • 재계약률 향상으로 장기 서비스 확보
경영성과	• 재무적성과: 매출액 ↗, 영업이익 →, 영업이익률 ↘ • 비재무적 성과: 새로운 비즈니스 모델 및 프로세스의 개발, 컨택센터 전문 인력 양성, 고객사 및 고객의 만족도 향상, 인증 및 수상, 고용 창출

이상과 같이, M사에서 추진하고 있는 대부분의 전략과 실행들은 S-PC 모델에서 제시하는 요인 및 성과 경로와 같은 방향성을 가지며, S-PC 모델에서 제시하고 강조하는 내용과 동일하거나 유사함을 알 수 있다.

M사의 사례에서 찾아낸 주요한 학습 포인트 및 현장에서 관리자들이 한 번 더 생각해보아야 할 내용을 아래와 같이 정리해본다.

첫째, 컨택센터 서비스의 핵심성공요소(key success factor)는 서비스 직원(CSR), 시스템 그리고 프로세스이다.

둘째, 서비스는 지원 시스템, 프로세스, 서비스 직원의 태도 등이 제대로 융합될 때 효과가 극대화된다. 서비스 제공을 위한 최적의 인프라(서비스 지원 시스템)와 프로세스가 제대로 준비되지 않으면 친절, 미소, 예절 등으로는 고객이 기대하는 가치를 제공할 수 없다. "리무진 운전사의 미소가 자동차를 대신할 수 없다"라는 리엔지니어링의 대가 마이클 해머(Michael Hammer)의 설명 역시 같은 문제를 지적한다.

셋째, 앞으로 전문 상담 능력이 컨택센터 서비스의 성공 여부를 결정하는 변수가 될 것이다. 컨택센터를 이용하는 고객의 가장 큰 니즈는 문제 해결이다. 복잡하게 진화하는 상품과 고객의 니즈를 고려할 때 전문 상담 능력을 갖춘 CSR이 아니면 고객의 니즈를 만족시키는 솔루션을 제공하기가 어려울 것이다.

넷째, 컨택센터 BPO 서비스는 고객(end-user)과 고객사(client) 모두를 만족시켜야 한다. 상담 서비스를 직접 제공받는 고객은 B2C 차원의 고객만족이 요구되며 BPO 서비스 계약의 주체인 고객사는 B2B 차원의 고객만족이 요구된다. 그러므로 두 집단 모두를 충성고객으로 만들어야 할 것이다.

다섯째, S-PC 모델에서의 경영성과를 측정하고 분석할 때 재무적 성과와 비재무적 성과를 함께 고려해야 한다. 고객 충성도를 높이기 위한 현재의 노력이 미래에 경제적 가치로 실현되므로 비재무적 성과에 대해서도 충분히 관심을 가져야 할 것으로 보인다.

09

지역에 기반한 중형 병원의 서비스-수익 체인

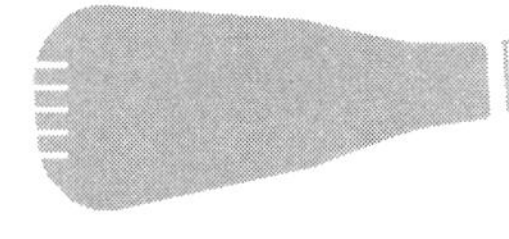

병원 서비스에 대한 호기심

의사 친구들을 만나면 이제 의사도 못 해먹겠다고 징징거린다. 그럼에도 불구하고 수험생을 가진 부모들의 선호도 1위는 여전히 의대이다. 그러한 이면에는 최소한 밥 굶어 죽을 일은 없을 것이라는 믿음과 조기 퇴출, 명예 퇴직과 같은 우울한 단어에서 벗어나 있는 직업이라고 믿기 때문이다. 그런데 이런저런 매체를 통해 접하는 소식들을 보면 병원도 이제는 서비스 전쟁이라고 한다. 경우에 따라 이것이 너무 과도하여 부작용을 일으키고 있다고 비판하는 목소리도 높다. 의사 선생님이 어느 날 병원 사장님으로 혹은 의사 아저씨로 불려질 것 같은 불길한 예감이 다가오는 것은 왜일까? 사명감을 갖고 묵묵히 일하는 대부분의 의사 선생님들이 들으면 기절할 말이지만 신문 지상에 회자되는 과잉 진료, 환자의 인격과 기본권 무시 등의 기사를 접하다 보면 의사가 아닌 나도 우울해진다.

병원도 조직이고 이익이 담보되지 않으면 생존할 수 없다는 것은 엄연한 사실이다. 그래서 강남의 성형외과들은 중국인 고객 유치를 위해 중국 본토에서 사용하는 간체자(簡體字)를 간판에 사용하고 중국어에 능통한 실장을 배치하여 다른 병원의 의사들보다 몇 걸음 앞서서 영리 조직의 냄새를 풍기고 있다.

병원 조직을 기업과 동등하게 인식하는 것이 맞는가? 병원에서의 서비스는 어떠한 수준으로 제공되는 것이 적절한가? 병원에서의 서비스와 고객만족은 과연 무엇인가? 병원에는 의사를 비롯하여 간호사, 의료기사, 사무직 등 다양한 직군이 있는데 그들이 생각하는 서비스는 무엇인가? 궁극적으로 어떻게 하면 환자와 환자 가족에게도 좋으며 병원의 경영에도 좋은 결과를 줄 수 있을까? 이런 많은 궁금증을 가지고 병원의 서비스를 한번 살펴보려고 사례 조사를 계획하였다. 마침 전 직장에서 10년 이상 함께 근무했던 후배가 사례 연구의 대상으로 선정된 병원에서 부서장으로 근무하고 있어서 도움을 청하고 지원을 얻어내었다.

서비스와 고객만족은 산업의 구분 없이 조직의 생존과 성장을 위한 필수적인 주제로 인식되고 있다. 정도의 차이는 있지만 병원 조직도 다르지 않을 것 같다. 최근에는 많은 병원에서 서비스와 고객만족을 중요시하고, 이를 전략 과제로 선정해서 프로젝트팀을 가동하기도 한다. 이런 병원에서는 의료진이 병원 경영과 관련된 보직을 맡는 순간 누구나 숫자와 씨름하게 될 것이다. 병원 경영과 관련되는 여러 가지 KPI들과 친하게 될 것이며, 조직의 생존과 성장을 위해 어쩔 수 없이 영리기업에서 취하는 여러 가지 전략들을 고민하게 될 것이다. 그럼에도 병원은 분명히 다른 가치와 서비스를 추구할 것으로 생각된다. 서비스에서도 방법론은 비슷하지만 방향성은 상당히 다를 것으로 예상하며 조사를 시작하였다.

현장에서는 서비스를 크게 대면 서비스와 비대면 서비스, 그리고 전문 서비스와 일반 서비스로 구분하여 전략을 수립한다. 병원은 고객과의 대면 접촉을 통하여 서비스를 제공하며, 의료 서비스라는 전문적인 서비스를 제공한다는 점에서 특수성을 가지고 있다. 대면 서비스이면서 전문 서비스를 제공하는 의료 서비스를 S-PC 모델을 이용하여 조직, 전략, 실행 내용들을 알아보는 것은 분야는 다르더라도 전문성이 요구되는 조직의 서비스 활동에 의미 있는 시사점을 줄 것으로 생각된다.

본 사례 조사에서는 S-PC 모델에서 제시하는 요인들과 성과 경로들을 중심으로 K병원의 서비스 전략과 실행 내용들을 면밀하게 찾아보았다. S-PC 모델을 활용하는 것이 서비스 조직인 병원의 전략과 사례를 이해하고 검토하기에 효과적이라고 판단하였기 때문이다.

일반적으로 기업이나 조직이 자기가 속한 산업의 외부에서 아이디어를 구할 때 벤치마킹 방법을 유용한 방법론으로 많이 활용한다. 이런 점에서 K병원의 사례는 병원 서비스에만 그치지 않고 타 산업과 일반 기업에서도 활용할 수 있을 것이다. 그리고 본 사례의 대상인 K병원은 중형 규모로 서울의 위성도시에 소재한 병원이다. 그래서 대도시에 소재한 대형 병원에 비해 가용할 수 있는 자원이 상대적으로 부족한 병원이다. 이 사례를 통하여 중소형 서비스 기업들이 서비스 전략을 수립하고 실행하는 데 조그마한 도움이라도 얻기를 바라는 마음이다.

인터뷰에 앞서서 K병원의 관리자로부터 설립부터 현재까지의 전략과 실행을 중심으로 전반적인 설명을 들은 후 직접 병원 투어를 하였다. 이어서 S-PC 모델의 주요 요인들을 중심으로 K병원의 전략과 실행 사례에 대한 인터뷰를 진행하였다. 인터뷰를 진행하면서 K병원이 서울로부터 상당한 거리에 있는 지역에 기반한 병원으로서 경쟁 여건이 쉽지 않음을 알 수 있었다. 이러한 제한 요소를 극복한 전략 중의 하나가 지역 중심의 마케팅·서비스 전략으로 이해되었으며 구체적으로 실행된 내용들을 S-PC 모델과 함께 찾아보았다.

의료 소외 지역의
지역 중심 병원

K병원은 E의료재단이 2000년에 김포시 장기동에 설립한 'G병원'을 김포 한강신도시의 개발에 맞추어 김포시 장기지구로 이전해서 개원한 병원이다. 현재 300병상 규모로 10개 전문 진료과, 11개 전문 진료 센터, 8개 특수 클리닉으로 운영하고 있다. 신축 이전과 더불어 64채널 MDCT(전산화단층촬영), 관절내시경, MRI(자기공명영상촬

영장치), 미래 지향형 면역분석기 등과 같은 최신 의료장비를 구비하였고, 숲으로 둘러싸인 입지 환경에 설계 단계부터 환자 중심으로 구축되어 환자 중심의 시설과 자연환경을 제공하고 있다.

2011년에는 보건복지부에서 지정하는 '관절전문병원'으로 선정되었고, 같은 해에 보건복지부의 '인증의료기관'으로 지정되었다. '지역응급의료기관'으로서 환자의 이동 시간을 최소화하여 지역 주민들에게 응급치료를 제공할 수 있어 김포뿐만 아니라 인근의 인천, 고양, 파주 지역까지 응급치료 서비스를 제공하는 지역 중심 병원의 역할을 수행하고 있다.

K병원은 '의가 3대'의 가족적 배경과 E의료재단의 설립자가 군의관으로 근무하던 시절부터 인연을 맺어온 김포 지역이 의료 혜택에서 소외되고 있다는 현실을 반영하여 설립되었다. 의료 혜택에서 소외된 지역에 의료 서비스를 제공한다는 명확한 목표 의식을 가지고 출발한 병원이다. 이 병원의 미션은 '고객과 함께 하는 병원의 리더'이며, 비전은 '고객의 건강을 최고의 가치로 생각하는 병원, 일하면서 즐거움과 보람을 느끼는 병원'이다. 그리고 미션과 비전을 달성하기 위한 핵심 가치로 '신뢰, 열정, 행복'을 선정하였고, 이러한 미션, 비전, 핵심 가치를 통하여 '숲으로 둘러싸인 사언 진화적 병원', '끊임없이 노력하는 병원', '건강과 희망, 믿음과 신뢰를 주는 병원'으로 만들어가고 있다.

진료 서비스의 구성은 전문 진료과, 전문 진료 센터, 특수 클리닉으로 구분된다. 현재 10개 전문 진료과와 11개 전문 진료 센터, 그리고 8개 특수 클리닉으로 운영되며, 상세한 내역은 〈표 9-1〉과 같다.

<표 9-1> K병원의 진료 분야

구분	내용
전문 진료과	일반외과. 신경외과, 내분비내과, 호흡기내과, 산부인과, 영상의학과, 진단검사의학과, 이비인후과, 피부비뇨기과, 치과
전문 진료 센터	관절센터, 외상센터, 척추센터, 뇌혈관센터, 소화기센터, 심혈관센터, 소아청소년센터, 신경통증의학센터, 응급의학센터, 평생건강증진센터, 신장센터
특수 클리닉	하지정맥류클리닉, 요실금클리닉, 맘모톰클리닉, 뷰티클리닉, 비만클리닉, 당뇨클리닉, 갑상선클리닉, 복강경클리닉

중형 병원의 서비스 전략과 실행, 그리고 서비스-수익 체인 모델

1) 내부서비스 품질과 직원의 만족 및 충성

내부서비스 품질(internal service quality)은 고객에게 서비스를 제공하기 위한 서비스 기업의 준비 수준을 의미한다. 서비스 직원의 채용, 교육, 보상(rewards) 및 인정(recognition) 프로그램, 서비스 공간, 서비스 프로세스, 전산 시스템과 같은 서비스 제공 수단(tool), 대내외 정보 공유 및 커뮤니케이션 등 서비스를 제공하기 위해 갖추어야 할 제반 준비의 수준을 의미한다. 이러한 내부서비스의 품질은 서비스를 담당하는 직원의 만족, 업무 역량, 생산성, 서비스 품질 등에 직접적인 영향을 준다. 앞의 <그림 6-1>에서 설명하듯이 내부서비스 품질은 직원 만족도에 영향을 주고 직원 만족도는 직원 충성도(직원의 정착률과 생산성)에 영향을 준다.

① 서비스 공간과 서비스 시스템

서비스를 제공하는 공간 환경, 프로세스, 시스템은 최종적으로 고객에게 제공되는 서비스의 품질을 결정하지만, 그에 앞서서 서비스 직원의 업무 역량과 생산성에 영향을 미치고 직원의 만족도에 직접적인 영향을 준다. 그리고 연장되어 직원의 충성도에 영향을 미친다.

K병원은 설립 준비 단계부터 자연, 가족적 분위기, 그리고 건강을 기본 테마로 정하고 부지를 선정할 때부터 쾌적한 환경에 중점을 두었다. 그 결과 가현산의 숲에 높은 점수를 주어 현재의 장소를 병원 부지로 선정하였고, 설계 및 디자인에서부터 환자 중심을 강조하여 단순한 진료 공간이 아닌 의료 서비스 공간으로 만들어왔다.

이러한 배경으로 현재의 시설은 환자와 보호자에게는 쾌적한 치료 환경이 되면서 동시에 의료진과 직원에게는 편안한 근무 공간이 되었다. 개원을 준비하면서 진료 및 원무 업무의 표준화를 실현하기 위하여 OCS시스템(진료지원 프로그램)과 인트라넷을 도입하였고, 전산화뿐만 아니라 업무 표준화, 안전관리, 감염관리, 환경 및 시설 개선 분야에서 지속적인 개선을 만들어가기 위하여 병원 내부에 '인증위원회'를 구성하여 내부 인증 절차를 담당하고 있다. 인증 절차의 과정을 거치면서 완성된 표준화된 프로세스로 외래진료는 5단계(step), 입원과 퇴원은 6단계의 프로세스로 단순화, 정형화하여 의료진과 직원뿐만 아니라 환자와 보호자도 표준화된 프로세스를 쉽게 이해하고 예측 가능하게 하였다. 이러한 프로세스는 병원 내 어느 곳에서나 동일하게 설명되고 진행되어 표준화가 완성된 상태이며, 이러한 표준화된 서비스를 통하여 고객들이 느끼는 서비스의 품질에 긍정적인 영향을 주고 있다.

서비스와 고객만족의 향상은 서비스 직원의 태도를 개선하여 해결하는 데에는 한계가 있으며, 서비스 시스템과 프로세스의 개발 및 개선으로 보다 근본적인 서비스의 향상을 기대할 수 있다.

K병원의 외래진료의 프로세스는 step 1: 접수→step 2: 진료→step 3: 수납→step 4: 투약 및 검사→step 5: 귀가로 구성되고, 입·퇴원은 step 1: 입원 결정→step 2: 입원 수속→step 3: 병원 입실→step 4: 퇴원 결정→step 5: 퇴원 수속→step 6: 퇴원의 단계로 구성되어 있다. 단계를 단순화하고 구조화하여 환자나 가족들이 현재 어느 단계에 있으며 다음 단계는 무엇이라는 것을 쉽게 알 수 있게 한 것이다. 각 단계별로 세부 절차 또한 표준화가 되어 있어 안내 자료나 안내 데스크로부터 언제든 동일한 정보를 얻을 수 있다.

K병원에서 선도적으로 시행하고 있는 '의료기관 간 수평적 협력 시스템'은 새로운 개념의 의료 서비스 협력 시스템이다. K병원은 2013년 5월 심혈관센터를 설립하면서 심장혈관 전문 병원인 S병원으로부터 의료진을 파견 형식으로 지원받아 지역의 환자들에게 심장혈관 전문 의료 서비스를 제공할 수 있도록 하였다. 일반적으로 의료기관 간에는 이러한 수평적 협력이 잘 실현되지 않는다는 현실을 고려하면 K병원은 의료계 내에서 새로운 시도를 하였고 또 성공적으로 완성한 것이다. 의료 수요와 의료 공급의 불균형을 의료기관

간의 수평적 협력으로 일정 부분 해결하게 된 것이다. 조금 더 상세히 설명하면, 전문 의료진이 필요한 지역에 전문 의료 서비스를 제공할 수 있으며 의료 수요를 초과하여 전문 의료진을 보유한 의료기관은 그로 인한 불균형 문제를 해결할 수 있어 의료기관, 환자, 의료진 모두에게 이익을 주는 윈-윈(win-win) 제도가 될 것으로 기대된다.

S병원으로부터 심혈관 전문 의료진을 지원받은 K병원은 차후 S병원에서 관절 전문 의료진의 지원을 요청할 경우 동일한 방식으로 지원할 계획이다. K병원의 수평적 협력 시스템은 공유경제(sharing economy) 개념을 부분적으로 의료기관에 도입한 것으로 시사하는 바가 크며, 향후 다른 의료기관으로 확대 전파될 것으로 기대된다. 이러한 수평적 협력 시스템은 이미 항공사 간에는 정착되어 있는 스카이팀(sky team)이나 스타 얼라이언스(star alliance)와 같은 서비스 네트워크(service network)의 초기 단계로 이해할 수 있으며, 앞으로 고객에게 종합적인 서비스(comprehensive service)를 제공하기 위해서는 의료기관에서도 서비스 네트워크에 대한 검토와 실행이 확대되어야 할 것이다.

② 직원의 만족과 충성

K병원은 유사한 규모의 경쟁 병원과 비교했을 때 보상에서 그 나름의 경쟁력을 유지하고 있다. 하지만 대형 종합병원과 비교하면 상대적으로 열세에 있음은 부정할 수 없을 것이다. 이러한 사실은 K병원만의 문제는 아니고 대부분의 중소형 병원, 더 나아가 우리나라의 중소기업이 안고 있는 현실적인 어려움이다.

이러한 약점을 보완하고자 K병원은 금전적 보상과 함께 감성적인 부분을 보완하여 직원들과 공감하면서 직원 만족도를 향상시키고 있으며, 이와 관련하여 다양한 프로그램을 개발하여 진행하고 있다.

K병원은 직원과 직원의 가족 모두가 K병원의 가족임을 강조하면서 의료비 혜택을 통한 직원 만족 프로그램을 운영하고 있다. 직원 본인과 직계가족에 대한 진단비 무료 혜택, 직원 본인에게는 진료비의 40%, 직원 가족에게는 진료비의 30% 할인 혜택으로 의료비로 인한 경제적 부담을 덜어주고 있다.

그리고 직원들의 소리를 직접 듣기 위해 '직원의 편지'라는 프로그램을 도입하여 직원들의 생각을 자유롭게 전달할 수 있는 방안을 시행하고 있으며, 이 편지는 경영진이 직접 읽고 경영 활동에 반영하는 것을 목적으로 하고 있다. 병원의 소재지가 김포 신도시임을 감안하여 숙소를 필요로 하는 원거리 거주 직원들에게 최신 시설의 기숙사를 제공하여 주거에 대한 문제를 해결해주고 있으며, 직영 유아원을 운영하여 육아에 대한 현실적인 지원책을 제공하고 있다. 매년 우수 사원을 선발하여 해외 연수 프로그램에 참여토록 하는 인센티브 프로그램도 운영하고 있다.

2) 서비스 가치를 통한 고객의 만족

서비스 가치는 '고객에게 제공된 결과물의 품질과 서비스 과정의 품질'을 '고객이 지불한 비용, 즉 재화나 용역의 가격과 서비스 획득 비용'으로 나눈 것이다. 내부서비스의 품질 및 서비스 직원의 만족과 충성으로 '더 높은 서비스 품질(higher service quality)'을 '더 낮은 코스트

(lower cost)'로 전달할 수 있으므로, 이러한 노력을 통하여 궁극적으로 더 높은 서비스 가치(higher service value)를 고객에게 전달할 수 있게 된다. 직관적으로도 서비스 품질과 고객만족도는 강한 상관관계를 가지고 있음을 알 수 있고, 여러 연구자들에 의해 통계적으로도 증명이 되고 있다.

K병원의 서비스 전략은 지역 중심, 지역 밀착으로 정리할 수 있다. 설립 동기부터 지역과의 인연으로부터 출발하였다. 의료재단의 설립자가 40년 전 이 지역에서 군의관으로 근무한 것이 K병원이 현재의 지역에 자리잡게 된 배경이다. 설립자는 서울에서 병원을 개원하여 운영하면서 지속적으로 이 지역에 의료봉사를 해왔으며, 마침내 제2의 고향이라고 여겨왔던 지역에 K병원을 설립하여 김포 지역의 대표 의료기관으로 발전시켜온 것이다.

이와 같은 설립자의 병원 경영철학에 따라 K병원은 김포 지역과 지역 주민을 단순한 고객이 아니라 병원 경영의 하나의 주체로 생각하고 있다. K병원은 김포 지역의 많은 단체 및 기관과 협력 혹은 지원 체계를 구축하여 지역 주민과 상생하는 경영을 우선으로 수행하여 왔으며, 지금도 교통이 불편한 지역에 의료봉사 활동을 하고 있다.

지역 주민들의 응급진료를 위하여 응급의료 센터뿐만 아니라 '골든타임(golden time)' 이내에 진료가 가능하도록 심혈관과 뇌혈관 센터를 구축하였다. K병원에 심혈관과 뇌혈관 센터가 구축됨에 따라 응급환자들이 서울 지역으로 이송되면서 놓칠 수 있었던 '골든타임'을 회복할 수 있게 하였다. 현재 지역응급의료기관으로서 응급의학 전문의가 365일 24시간 응급진료 서비스를 제공하여 지역 주민의 생명 지킴이 임무를 다하고 있다. 심혈관과 뇌혈관 센터에서는 24시간 응급수술 시스템이 가동되고 있다.

병원의 고객은 환자와 환자의 가족이다. 이들에게 가장 중요한 서비스 가치는 치료, 즉 질병으로부터의 빠른 시간 내에 회복하는 것이다. '고객에게 제공된 결과물의 품질과 서비스가 제공되는 과정의 품질'은 의료 서비스에서 치료의 효과, 검사 품질, 치료 및 간호 과정의 품질, 진료 시설 및 입원 시설의 품질로 해석할 수 있으며, '고객이 지불한 비용'은 치료 비용, 간호 비용, 접근 비용 등으로 설명할 수 있다.

K병원은 고객(환자와 환자의 가족)에게 전달되는 서비스 가치를 개선하기 위해 다양한 노력을 하고 있다. 고객의 불만과 고충 사항을 전달할 수 있는 전용 전화번호(hot-line)를 고객에게 공개하여 원무행정 담당 수석부장이 직접 응대하고 있다. 이와 더불어 병원의 곳곳에 '고객의 소리함'을 운영하여 그 내용은 경영진에게 직접 전달되고 경영진은 합당한 개선안을 즉시 실행하고 있다. 각 부서의 사원으로 구성된 '공감발전소'라는 조직은 고객들에게 더 좋은 서비스를 제공하기 위하여 아이디어를 모으고 개선안을 제시하는 활동을 하고 있으며, 경영층에서 이 활동에 대하여 전폭적인 지원을 하고 있다.

입원 환자들의 무료함을 달래기 위해 매주 화요일 강당에서 영화를 상영하고 월 1회 민속공연을 제공하고 있으며, 도서대여 서비스도 제공하고 있다. 도서대여 서비스는 '고객의 소리함' 제도를 통하여 전달된 의견이 즉시 실행된 사례이다. 월 1회 로비에서 환자와 가족들을 대상으로 네일아트 서비스를 제공하고 있으며, 격월로 미용

봉사를 제공하여 미용실 이용이 자유롭지 않은 환자들에게 요긴한 서비스를 제공하고 있다. 어린이날과 성탄절에는 소아병동의 어린이 환자들에게 선물 행사와 산타클로스 이벤트를 구성하여 어린이 환자들에게 즐거운 시간을 제공하고 있다. 월 1회 각 진료과의 전문의인 과장들이 당뇨교실과 여성건강교실을 직접 진행하고 있으며 홈페이지를 통해 전문 의료진이 건강 상담을 제공하여 병원 안팎의 고객으로부터 호평을 받고 있다.

특히 소아병동에 대해서는 새로운 아이디어를 개발하여 보호자 침대 대신 침상으로 리모델링하여 어린이 환자를 24시간 돌보아야 하는 또 하나의 고객인 가족들을 지원하고 배려하고 있다. 그리고 어린이 환자에게 조금이라도 밝고 즐거운 환경을 제공하기 위하여 어린이 환자복은 어린이들이 좋아하는 캐릭터 그림으로 디자인하고 있다.

3) 고객의 충성도와 경영성과

서비스 직원의 만족도와 충성도를 기반으로 향상된 서비스 가치가 고객에게 전달되면 고객만족도는 향상된다. 그리고 고객만족도는 고객 충성도에 직접적으로 영향을 주며, 궁극에는 서비스 기업의 수익과 수익성의 향상이라는 결과로 이어진다. 잘 디자인되어 전달된 서비스(service designed and delivered)가 고객의 니즈를 충족시킬 때 고객은 만족하게 되고, 이어서 고객의 충성도가 증대되면서 고객의 평생 가치(lifetime value), 고객 유지율(retention), 재구매율(repurchase), 그리고 추천(referral)의 향상으로 연결되는 것이다.

① **고객 충성**

설립 단계에서부터 서비스를 중심으로 기획된 의료 서비스 공간과 표준화된 시스템으로 K병원은 서비스의 준비 단계를 전략적으로 준비하고 진행해왔다. 높은 수준의 내부서비스 품질과 직원 만족도를 향상시키기 위한 각종 프로그램을 도입하였고, 경영진의 지속적인 관심으로 직원 만족도와 충성도를 향상시켜왔다. 전략적으로 준비된 서비스 공간과 시스템을 기반으로 경영진과 직원들은 '지역 중심 전략'으로 고객만족도와 고객 충성도를 향상시킬 수 있도록 실행을 반복해왔다. 그 결과 고객 충성도를 나타내는 고객보유(retention), 재구매(repurchase), 추천(referral) 등의 지표에서 지속적으로 효과가 나타나기 시작하였다.

K병원의 통계에 따르면 한 해 2회 이상 방문하는 환자의 비율이 약 90%로 나타나고 있다. 같은 해에 2회 이상 진료를 받는 것을 일반 기업의 재구매와 동일하게 비교하는 것이 정확히 일치되는 개념은 아니지만, 이 비율이 90%라는 것은 충분히 고객의 만족도와 충성도를 표현한다고 해석된다. 2009년 개원 이후 진료 환자는 꾸준히 증가하고 있으며, 연간 진료 환자가 20만 명을 초과하여 안정기에 접어들고 있는 것으로 분석된다.

② **재무적 성과**

재무적 성과는 정보의 객관성을 확보하기 위해 외부에 공개된 자료를 확보하고자 노력하였다. K병원의 경우 E의료재단 산하의 다른 병원들과 합산된 재무 정보만이 외부 공급원인 KISLINE(www.kisline.

com)에서 제공되고 있어 K병원만의 분리된 정보는 확보할 수 없었다. 불확실한 정보를 제공하는 것보다는 진료 환자의 정보와 기타 비재무적 정보를 통하여 유추 해석하는 것이 합리적일 것으로 판단하여 재무적 성과의 분석은 아쉽지만 생략하였다.

③ 비재무적 성과

기업의 성과 측정에서 전통적으로 중요하게 생각하는 것은 재무적 성과이다. 그러나 최근에는 많은 기업들이 서비스나 품질과 같은 비재무적 성과를 함께 중요시하고 있다. 비재무적 성과는 장래에는 재무적 성과를 만들어낼 수 있을 것으로 예상되지만 당기에는 재무적으로 측정되지 않는 성과이다. 당장에는 매출액이나 이익으로 표시되지 않지만 미래에 수익으로 변환되거나 운영 비용을 감소시킬 수 있는 미래지향적인 성과들이다.

K병원의 중요한 비재무적 성과는 한강신도시의 개발로 많은 인구가 유입되고 있지만 의료 혜택에서는 소외된 지역에서 지역 중심 병원으로 자리매김했다는 사실이다. 지역의 다양한 기관 및 단체와 협력 체제를 구축하였고, 지역 주민을 위해 지속적으로 의료봉사와 보건교육을 제공하며 지역의 문화 및 체육 사업 등에 지속적으로 지원함으로써 지역 주민과 단체들로부터 신뢰를 얻고 있다. 특히 심혈관과 뇌혈관 센터의 개설과 함께 지역응급의료기관으로서 '골든타임' 내에 응급치료가 가능하다는 점은 지역 주민들에게 심리적 안정감이라는 또 다른 서비스 가치를 제공하고 있다. 지역 중심 병원으로 발전하기 위한 기본 전제인 지역 주민의 신뢰와 애정을 얻고 있다는

점이 가장 큰 비재무적 성과일 것이다. 이와 함께 2009년 개원 후 3년 만에 보건복지부로부터 '관절전문병원'과 '인증의료기관'으로 지정받아 진료 수준을 공식적으로 인정받았다는 점 또한 중요한 비재무적 성과이다. 병원 서비스는 문제의 해결이 중요하므로 결과 편익과 과정 편익이 비용 편익보다 더 중요하다는 연구 내용들을 고려할 때 '관절전문병원'과 '인증의료기관'으로 지정된 것은 의미가 크게 다가온다.

K병원은 중형 병원으로서 제한된 자원을 운용하고 있음에도 불구하고 꾸준히 CSR(corporate social responsibility) 활동을 지속하고 있다. 지역 주민을 위한 의료봉사 및 건강 교육 활동 등이 그 예이다. CSR 활동은 직원들의 조직몰입에 긍정적인 영향을 주고 더불어 이직 의도를 감소시키므로, 서비스 직원의 정착이 서비스 경영에 절대적으로 중요한 요소임을 고려하면 시사하는 바가 크다.

마무리

S-PC 모델에서 제시한 요인과 성과 경로를 중심으로 중형 규모인 지역 중심 병원의 서비스 경영에 대한 전략과 실행 내용을 검토하고 시사점과 현장 관리자들이 배울 만한 점들을 찾아보았다.

'내부서비스 품질의 개선'은 고객만족도뿐만 아니라 서비스 직원의 만족도를 향상시키는 기본적인 방안이다. 서비스 공간 측면에서 K병원은 자연 친화적인 숲과 환자 중심의 공간 디자인으로 높은 품질의 서비스를 제공하고 있으며, 더불어 직원들에게도 만족감과 자부심을 제공하고 있다. 서비스 시스템 측면에서 K병원은 개원 전에 OCS(진료지원 프로그램)와 인트라넷의 구축으로 초기 프로세스를 효율적으로 완성하였으며, 내부에 '인증위원회'를 구성하여 업무의 표준화 작업을 지속적으로 시행하고 있다. '의료기관 간 수평적 협력 시스템'을 도입하여 지역 주민과 전문 의료진, 그리고 의료기관이 같이 윈-윈(win-win)하면서 의료 혜택의 소외 지역이었던 김포 지역의 주민들에게 필수적인 의료 지원을 가능하게 하였다.

'직원의 만족도와 충성도'를 향상시키기 위하여 K병원은 우선 직원 본인과 가족에게 진료비 할인 혜택을 제공하여 의료비로 인한 경제적인 부담을 덜어주고 있으며, '직원의 소리' 제도를 통하여 직원의 의견을 경영에 적극적으로 반영하고 있다. 또 원거리 거주자의 출퇴근 문제 해결 및 주거의 안정을 위하여 최신 시설의 기숙사를 제공하고 있으며, 직영 유아원을 운영하여 직원들의 육아를 지원하고 매년 우수 직원을 선발하여 해외 연수를 제공하는 등 다양한 프로그램을 운영하여 직원들에게 동기를 부여하고 있다.

'서비스 가치의 증대'를 통하여 '고객만족도'의 향상을 추구하는 K병원의 서비스 전략은 한마디로 지역 중심이다. 각종 지역 난체 및 기관과 협력 체계를 구축하였고, 교통이 불편한 지역에 지속적으로 의료봉사 활동을 시행하고 있으며, 심혈관 및 뇌혈관 센터의 개설과 함께 지역응급의료기관으로서 지역 주민의 '생명 지킴이' 역할을 수행하고 있다. 병원 내에 '고객의 소리함'을 운영하여 고객의 니즈와 불만을 파악하고 즉시 개선하며, 병원 내에 '공감발전소' 조직을 구성하여 새로운 서비스 전략을 토론하고 아이디어를 개발하고 있다. 그리고 전문의들이 직접 제공하는 건강 교육 및 상담 서비스도 고객들로부터 좋은 반응을 얻고 있다.

'고객의 충성도'는 고객 유지, 재구매 그리고 지인 추천으로 설명된다. K병원은 2009년 개원 이후 현재 연간 20만 명의 진료 환자를 유지하고 있으며, 매년 재진 환자의 비율이 90%를 점하고 있다. 높은 재진환자의 비율은 고객의 충성도를 보여주는 지표로 이해할 수 있다.

'경영성과' 측면을 보면 다른 병원과 통합된 의료재단의 재무 자료만이 외부 공개 자료로 가능하여 객관성 측면에서 재무적 측면의 검토는 생략하였다. 하지만 미래의 재무적 성과로 기대되는 비재무적 성과는 짧은 기간 내에 지역 중심 병원으로 자리매김하였고, 다양한 지역 기관 및 단체와 협력체제를 구축하였으며, 심혈관과 뇌혈관 센터의 개설로 지역응급의료기관의 역할을 확보하였고, 관절전문병원과 인증의료기관으로 지정받아 의료 수준을 객관적으로 인정받은 것 등을 들 수 있다.

K병원은 서울에서 상당한 거리가 있는 김포 지역의 중형 병원이다. 우리나라의 현재 상황을 고려할 때 여러 가지 측면에서 도전을 받고 있는 기업군이 중소형 기업인데, 병원 산업에서도 예외는 아니다. 중소기업들이 인력, 재무 구조, 전문 기술력 등 많은 분야에서 대기업과의 경쟁에서 힘들어하며 고군분투하듯이 중형 병원 역시 대형 병원과의 경쟁에서 도태되어 사라지거나 경영난으로 고전하고 있는 것이 현실이다. 이러한 현실에서 K병원은 지역 중심의 병원으로 자리잡고 있으며 지역 주민으로부터 사랑을 받으며 성장 발전하

고 있다.

어떠한 기업이 경영에서 성공하는 요인이나 실패하는 요인은 수백 가지 이상일 것이다. 의료 서비스를 제공하는 병원은 전형적인 서비스 기업이다. 그래서 다른 성공 요인을 찾아보는 것보다 S-PC 모델을 적용하여 성공의 이유를 찾아보려고 시도하였다. 산업이나 업종이 달라도 S-PC 모델이 서비스 기업의 성과, 즉 서비스 경영의 성공을 위한 길잡이가 될 수 있다는 점은 병원 서비스의 사례 조사를 통하여 배운 중요한 학습이라고 생각할 수 있다.

10

퍼블릭 골프클럽의
서비스-수익 체인

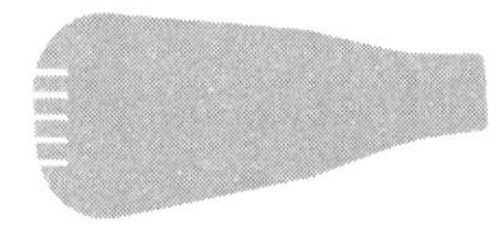

사랑받는
퍼블릭 골프클럽

B골프클럽은 우리나라의 골프 애호가들이 한번쯤 라운딩하기를 원하는 골프클럽으로 알려져 있다. 그리고 한 번 라운딩을 경험한 사람은 다음 라운딩을 또 기약하고 주변의 동료들에게 적극적으로 추천하는 그러한 골프클럽이다. 그런데 이 골프클럽은 서울에서 가깝지 않을 뿐만 아니라 골프 애호가들이 선호하는 회원제 골프클럽이 아닌 대중제(퍼블릭) 골프클럽이다. 퍼블릭 골프장에 대한 일반적인 이미지는 디자인적으로 미흡한 골프코스, 불량한 잔디 상태, 저급한 서비스와 같이 다소 부정적이다.

많은 골프 애호가들이 서울 및 인근 위성도시에 거주하는 것을 고려할 때 지리적으로도 상당한 이동 거리가 필요하고 그간의 대중제 골프클럽의 부정적인 이미지 등을 고려한다면 쉽게 선호하기 어려운 배경을 가지고 있다. 그런데 B골프클럽이 많은 골프 애호가들로부터 사랑을 받고 있다는 점이 저자의 관심을 끌었다.

특별한 곳에는 특별한 무엇이 숨어 있을 것이라는 기대를 가지고 B골프클럽의 사례를 검토하기 시작하였다. 우선 개인적 네트워크를 동원하여 B골프클럽의 운영팀장과 인터뷰를 시도했다. 인터뷰에서는 전반적인 골프장 소개와 골프장 산업에 대한 현황 설명을 들었고, 이어서 B골프클럽의 마케팅 및 서비스 전략과 연결하여 S-PC 모델의 요인과 성과 경로를 중심으로 대화를 나누었다. 특히 현장에서 좋은 반응을 얻었던 새로운 프로세스와 아이디어의 적용 및 실행에 대한 설명을 듣는 데 많은 시간을 할애하면서 노트를 하였다.

인터뷰를 진행하면서 내부적으로 성공적인 아이디어로 평가를 받고 있는 고객 설문조사와 신용카드 테이터에 기반한 마케팅 및 서비스 전략에 대하여 집중적으로 검토하였다. 재벌 그룹이나 대기업에서 운영하는 회원제 골프클럽이 아닌 중형 규모의 대중제 골프클럽이라는 불리한 여건에도 불구하고 높은 경쟁력을 유지할 수 있었던 요소들이 무엇인지 실무자의 관점에서 찾으려고 노력하였다.

퍼블릭 골프클럽의
차별화

B골프클럽은 설립 계획 단계부터 퍼블릭 골프클럽으로 기획되고 개발되었다. 2003년에 시범 라운딩을 거쳐 공식적으로 개장하였고, 2004년 이후 계속 '한국의 10대 골프코스'로 선정되어 골프 애호가들로부터 국내 최고 수준의 골프클럽으로 인정받고 있다. 그리고 퍼블릭 골프클럽을 대상으로 격년으로 선정하는 '한국 10대 퍼블릭 코스'에 2008년 이후 연속 1위 퍼블릭 코스로 선정되어왔다. 친환경 골프클럽으로 만들어가겠다는 의지와 노력의 결과로 2007년부터 계속 '친환경 베스트 10 골프장'으로 선정되어왔으며, 2013년과 2015년에는 '친환경 베스트 10 골프장' 중에서 1위로 선정되었다.

'가장 자연스러운 것이 가장 아름다운 것'이라는 디자인 철학을 바탕으로 자연 지형을 훼손하지 않고 코스를 조성하여 자연의 정취와 골프의 묘미를 함께 살리는 데 중점을 두고 개발하였다. 현재 2개의 코스(36홀)로 운영되며 첫 번째 코스는 전장 6,639m의 파 72, 두 번째 코스는 전장 6,601m의 파 72로 전체 36홀로 이루어진 골프클럽이다. '꿈, 미래, 자부심, 무한성장'을 핵심 가치로 고객과 함께 참된 골프 문화를 정립하면서 미래의 비전을 만들어가는 것을 기업철학으로 하고 있다.

'기업의 사회적 책임'에 대한 실천으로 매년 시각장애인을 위한 골프대회를 개최하고 있다. 전담 코치와 도우미들의 도움을 필요로 하지만 시각장애인들에게 골프라는 운동을 경험하게 할 뿐만 아니라 그들에게 용기와 희망을 주는 기회로 삼고 있다. 그리고 골프 꿈나

무들을 위한 중고등학교 골프대회 및 아마추어 골프대회를 개최하여 청소년 및 아마추어 선수들에게 대회 참여의 기회를 제공하고 있다. 친환경 베스트 골프장 1위로 선정된 것과 성실납세자로 선정된 것 또한 참된 골프 문화를 정착한다는 경영철학의 실행 결과로 해석된다.

B골프클럽의 주요 사업은 골프코스 이용 사업, 카트 대여 사업, 그리고 식음료 및 골프용품 판매 사업으로 분류된다. 매출액 기준으로 골프코스 이용 사업(그린피)의 비중이 84%, 카트 대여 사업(카트 이용료)이 13%, 식음료 및 골프용품 판매 사업이 3%로 구성된다. 식음료 및 골프용품 판매 사업은 위탁 운영(아웃소싱) 체제로 운영되어 위탁 운영 수수료만 매출액으로 처리되므로 상대적으로 비중이 낮게 표시되었다. 고객들에게 '아름답고, 재미있고, 기억에 남는 골프장'으로 기억될 수 있도록 다양한 노력을 기울이고 있다.

골프클럽의 서비스 전략과 실행, 그리고 서비스-수익 체인

1) 서비스 공간의 디자인과 혁신적인 프로세스

B골프클럽은 '가장 자연스러운 것이 가장 아름다운 것'이라는 디자인 철학으로 자연 지형을 그대로 유지하면서 코스를 설계하였다.

있는 그대로의 자연 정취와 골프의 묘미를 같이 느낄 수 있도록 코스를 완성하였다. 이렇게 개발된 코스는 고객뿐만 아니라 경기보조원(캐디)과 코스 관리자들에게도 만족감과 자부심을 주고 있다.

2003년 골프클럽을 개장할 때부터 당시로서는 획기적으로 '100% 인터넷 예약 시스템'을 구축하여 국내 골프클럽의 예약 시스템에 새로운 변화를 만들어내었다. '인터넷 예약 시스템'의 도입으로 고객에게는 예약 제도에 대한 신뢰를 제공하였고, 골프클럽은 예약과 관련된 불필요한 마찰을 근본적으로 해소하며 동시에 예약 청탁으로부터 직원을 보호하는 효과도 얻을 수 있었다.

인터넷 예약 시스템(인터넷 회원) 가입 시 예약권의 매매를 방지하기 위하여 실명 확인, 위탁 예약금 예치, 입장 시 신분증 확인 등 여러 가지 프로세스를 도입하여 불미스러운 사고를 예방하기 위한 장치들을 갖추었다. 이것은 시스템과 프로세스의 개선으로 직원의 만족도와 고객의 만족도를 향상시킨 사례로 예약 생산성의 향상, 예약 담당 직원의 만족, 예약 고객의 만족 등 여러 면에서 긍정적인 효과를 얻고 있다. 기존의 전화 예약 시스템은 상당수의 서비스 실패(service failure) 사례가 발생하였는데, 이러한 경우 통화로 문제를 해결하기에는 한계가 있었다. 즉, 서비스 실패를 회복하기 위해서는 얼굴을 맞대고 대화하는 것과 같은 상호적 방법이 요구되는데 전화를 통한 대화만으로는 부족할 수밖에 없었다. 이러한 고질적인 문제점과 해결방안이 취약한 상황에서 인터넷 예약 시스템은 서비스의 실패를 예방할 뿐만 아니라 고객과 직원의 만족도를 같이 향상시키는 효과를 이루어내었다.

〈표 10-1〉 B골프클럽 연혁

연도	내용
2003	골프클럽 오픈, 국내 최초 100% 인터넷 예약 시스템 구축
2004	대중제 골프장 최초로 '한국의 10대 골프코스'에 선정
2005	'한국의 10대 골프코스'에 선정
2006	'한국의 10대 골프코스'에 선정
2007	'한국의 10대 골프코스'에 선정, '친환경 베스트 10 골프장'에 선정, 친환경 재생에너지 지열시스템 도입, 시각장애인 골프대회 개최
2008	'한국 10대 퍼블릭 코스'에 선정(1위), 우수납세자상 수상, 시각장애인 골프대회 개최
2009	'친환경 베스트 10 골프장' 선정, '한국의 10대 골프코스'에 선정, 시각장애인 골프대회 개최
2010	'한국 10대 퍼블릭 코스'에 선정(1위), 시각장애인 골프대회 개최, 중고등학교 골프대회 개최
2011	'친환경 베스트 10 골프장'에 선정, '한국의 10대 골프코스'에 선정, 시각장애인 골프대회 개최
2012	'한국 10대 퍼블릭 코스'에 선정(1위), 시각장애인 골프대회 개최, 녹색경영골프장 선정
2013	'친환경 베스트 10 골프장'에 선정(1위), 성실납세자 지정, 시각장애인 골프대회 개최, 아마추어 골프대회 개최
2014	'한국 10대 퍼블릭코스'에 선정 (1위) 시각장애인 골프대회 개최, 아마추어 골프대회 개최
2015	'친환경 베스트 10 골프장'에 선정, '한국의 10대 골프코스'에 선정, 시각장애인 골프대회 개최, 아마추어 골프대회 개최

2010년에 스마트폰의 보급에 적극적으로 반응하여 모바일 홈페이지를 오픈하여 모바일 환경에서 인터넷 예약이 가능하도록 시스템

을 개선하였으며, 2012년에는 모바일 앱을 개발하여 예약 시스템을 더욱 개선시켰다.

B골프클럽은 부대 서비스의 경우 외주 서비스(outsourcing service)를 활용하는 것이 고객에게 더 나은 서비스를 제공할 수 있다고 판단하여 외주 서비스로 제공하고 있다. 현재 식당(클럽하우스, 그늘집, 직원 식당)은 CJ Fresh Way에서, 프로샵은 Dunlop Korea에서 그리고 경비, 보안, 락커 시스템은 S-Tec시스템으로부터 서비스를 공급받고 있다.

2) 서비스 직원의 만족과 충성

골프클럽에서 가장 중요한 서비스 직원은 경기보조원(캐디)이다. 그들은 가장 많은 시간을 고객과 함께 보내며 경기 전반에 걸쳐 서비스를 제공하기 때문이다. 골프 애호가들 사이에 어떤 캐디를 만나느냐에 따라 그날의 스코어가 차이 난다고 말한다. 스코어뿐만 아니라 4~5시간 정도 같이 경기에 참여하므로 라운딩의 분위기를 좌우하는 것 역시 캐디의 역량이라는 생각이 지배적이다.

B골프클럽은 경기보조원들에게 일정 금액의 수입이 보장될 수 있도록 경기팀을 배정하는 시스템을 고안하여 불규칙한 수입 구조에 대한 보완책을 제공하고 있다. 이러한 제도는 수입의 불규칙성이 가장 큰 애로사항인 캐디늘에게 회사가 제공할 수 있는 가장 좋은 서비스로, 캐디들로부터 매우 좋은 반응을 얻고 있다. 이 시스템의 도입 이후 경기보조원의 연간 평균수입은 3,000만 원 이상으로 나타났으며, 경기보조원들의 골프클럽에 대한 만족도와 충성도는 더욱 높

아졌다.

　경기보조원의 숙소는 휴식과 다음 서비스를 준비하는 공간으로서 그 중요성이 매우 크다. 골프클럽 개장 때부터 경기보조원을 위하여 최신형 기숙사를 건축하여 충분한 휴식과 개인 생활을 영위할 수 있는 시설을 무료로 제공하고 있다. 2012년에는 기존의 시설을 확대하여 3인 1실에서 2인 1실로 개선하여 운영하고 있다.

　직원을 위한 커뮤니티 사이트를 개설하여 동호회 활동을 장려하고 있으며 회사는 활동 비용을 지원하고 있다. 이러한 프로그램은 사내 동호회의 활동을 통하여 회사에 대한 소속감을 강화시키고 궁극적으로 조직의 유효성에 긍정적인 영향을 주고자 하는 것이다.

　주거지역에서 멀리 떨어져 있는 골프클럽의 특성상 셔틀버스를 운행하여 직원들의 출퇴근 문제를 해결하고 있으며, 직원 전용 헬스장, 골프연습장, 탁구장, 당구장, 영화 상영장, 독서실 등을 제공하며 골프 라운딩도 무료로 지원하고 있다. 매년 우수 사원과 우수 경기보조원을 선발하여 해외여행을 제공하는 인센티브 프로그램을 시행하고 있으며, 2013년에는 직원 8명과 경기보조원 10명이 프로그램의 수혜자로 선발되었다.

　B골프클럽의 경우 회사에서 제공하는 다양한 프로그램 그 지체도 중요하지만, 골프클럽에서 가장 중요한 서비스 직원이라고 할 수 있는 캐디들에게 고용 형태와 관계없이 동일한 프로그램을 제공하여 서비스 직원의 만족도를 향상시키고 있다는 점은 중요한 메시지를 던져준다. 많은 서비스 기업에서 골프클럽의 캐디와 같이 비정규직을 서비스 직원으로 고용하고 있는 현실을 감안할 때 비정규직으로

인한 소외감을 극복할 수 있도록 가능한 모든 프로그램에 정규 직원과 동등하게 참여시킨다는 사실은 중요한 의미를 가진다. 특히 서비스 분야는 노동 집약적이며 업무적으로 동료 간의 상호 의존성이 매우 커서 직원들의 상호 협력이 성과에 지대한 영향을 미친다는 점에서 보면 더욱 그러하다.

3) 서비스 가치와 고객의 만족

B골프클럽의 서비스 전략은 많은 부분 데이터에 기반하여 수립된다. 고객 설문조사와 골프클럽에서 사용한 신용카드 데이터의 분석으로 고객의 니즈를 찾아내고, 그에 따라 기존의 서비스를 개선하고 새로운 서비스를 개발한다.

최근에 내방한 고객을 대상으로 시행한 설문조사에서 중요한 변화를 발견하였는데, 그것은 골프(라운딩)의 목적이었다. 골프장을 이용하는 이유가 이전에는 사업(business)이 주된 목적이었지만 근래에 와서는 친목과 취미와 같은 여가 활동(leisure) 중심으로 변하고 있다는 사실이다. 라운딩을 같이하는 동반자의 유형은 친구와 동창이 38%, 거래처와 사업 파트너가 30%, 동호회와 친목회가 27%, 가족이 3%, 기타 2%로 나타나 친구, 동창, 동호회, 친목회 등 여가를 위한 목적이 65%를 차지하고 있다는 사실은 서비스 전략의 수립에서 중요하게 고려해야 할 대목이다. 골프장을 선택할 때 고려하는 사항도 가격, 접근성, 코스 완성도, 예약 편의성, 서비스 및 부대시설의 순으로 나타났으며, B골프클럽을 선택하는 주된 이유로 코스 만족도, 회원 혜택, 접근성, 예약 편의성의 순으로 나타나 우리나라 10대 명문코스로 선정된 점과 인터넷을 이용한 예약 시스템 등이 고객에게는 좋은 서비스 가치로 인정되고 있음을 알 수 있다.

퍼블릭 골프클럽임에도 불구하고 '회원 혜택' 항목이 B골프클럽을 선택하는 두 번째 이유로 나타나고 있음은 흥미로운 결과이다. B골프클럽의 회원(인터넷 예약 회원)은 예탁금을 납입해야 하며, 회원은 예약을 비롯하여 다양한 부가 서비스를 받을 수 있고 회원에서 탈퇴할 때 예탁금은 반환되는 시스템이다.

주중(평일) 고객에 대한 서비스를 강화하기 위하여 카드 사용 데이터를 분석해본 결과, 평일에 B골프클럽을 이용하는 고객은 40~50대의 연령층으로, 골프클럽으로부터 반경 30km 이내에 거주하며 자동차로 30~40분 정도의 이동 거리에 거주하는 고객들이 주된 고객층으로 나타났다. 이에 반하여 주말을 포함한 전체 고객의 구성은 서울 거주자가 70%를 차지하며 강남 지역에 거주하는 고객이 30%로 구성되어 있어 주중과 주말의 서비스 전략은 각각 다른 고객군을 대상으로 고려할 필요가 있다. 이러한 고객 설문조사나 신용카드 데이터의 분석 결과를 서비스 전략의 개발과 실행에 적극적으로 활용하고 있다.

〈표 10-2〉 B골프클럽 고객의 성별 및 연령대

연령대	30 이하	31~40	41~50	51~60	61 이상	계
남	1	102	499	242	31	875
여	2	6	55	46	4	113
계	3	108	554	288	35	988
비율	0%	11%	56%	29%	4%	100%

<표 10-3> B골프크럽 라운딩 동반자

구분	친구/동창	거래처/사업 파트너	가족	동호회/친목회	기타	계
남	339	286	13	219	18	875
	39%	33%	1%	25%	2%	100%
여	33	6	22	51	1	113
	29%	5%	20%	45%	1%	100%
계	372	292	35	270	19	988
	38%	30%	3%	27%	2%	100%

<표 10-4> 골프장 선택 시 고려 요소

구분	접근성	가격(그린피)	코스 상태(완성도)	예약 편의성	서비스/부대시설	계
남	284	347	171	45	28	875
	32%	40%	20%	5%	3%	100%
여	27	59	24	0	3	113
	24%	52%	21%	0%	3%	100%
계	311	406	195	45	31	988
	31%	41%	20%	5%	3%	100%

<표 10-5> B골프클럽을 이용하는 이유

구분	남		여		계	
접근성	243	14%	38	17%	281	14%
가격(그린피)	158	9%	25	11%	183	9%
코스 만족도(완성도)	687	39%	73	32%	760	39%
캐디 서비스	49	3%	3	1%	52	3%
부대시설	4	0%	0	0	4	0%
회원 혜택	252	14%	51	23%	303	15%
단체팀 이용	84	5%	17	8%	101	5%
예약 편의성	255	15%	16	7%	271	14%
기타 서비스	18	1%	3	1%	21	1%
계	1,750	100%	226	100%	1,976	100%

골프클럽의 고객은 골프 경기자들이다. '고객에게 제공된 결과물의 품질과 서비스 과정의 품질'은 정확한 예약, 완벽한 코스 관리, 경기보조원의 세련된 경기 운영과 서비스, 클럽하우스의 식음료 및 제반 시설 등으로 해석되며, '고객이 지불한 비용'은 그린피와 캐디피 등 경기를 위하여 지불하는 제반 비용과 골프클럽에의 접근을 위해 소요된 비용 및 시간 등으로 설명할 수 있다. 이러한 구성 요소들을 고려하여 어떤 부분을 개선시키면 고객에게 전달될 서비스 가치가 증가될 수 있는지 알아낼 수 있다.

B골프클럽은 100% 인터넷 예약 시스템으로 운영되며, 스마트폰과 태블릿 PC의 이용 추세에 맞추어 국내에서는 처음으로 모바일 예약 시스템을 도입하여 예약 시스템에 정확도와 신뢰도를 부여하고 있다. 전화 예약 시스템으로부터 야기될 수 있는 부조리와 실수를 근본적으로 제거시킬 수 있어 고객들로부터 호평을 받고 있다. 이러한 새로운 예약 시스템과 함께 잔디 관리, 수질 정화, 에너지 관리 등에 친환경 관리 방식을 도입하여 환경을 보호하고 고객의 건강을 증진시킬 수 있도록 새로운 서비스 가치를 개발하고 있다. 그린피 마일리지 시스템으로 축적된 마일리지를 골프클럽에서 현금처럼 사용할 수 있게 하였다. 마일리지 제도를 도입한 이후 내년 2~3억 원의 추가 비용을 부담하고 있으나 비용 투입 대비 효과가 더 크다고 자체적으로 평가하고 있다.

홈페이지에서는 예약 시스템과 쇼핑몰 외에도 '랭킹존'이라는 서비스를 제공하고 있어 회원 중에서 본인의 스코어 순위를 찾아볼 수 있다. 지역별, 코스별, 성별, 세대별 순위를 제공하고 있어 회원들의 흥미를 이끌어내고 있으며, 이 외에도 스윙 동영상 서비스를 제공하고 있어 회원이 본인의 스윙 동영상을 홈페이지에 올려놓으면 골프클럽의 헤드프로가 스윙에 대한 원 포인트 레슨을 댓글로 제공하며, 회원 상호 간에도 조언과 추천을 하고 있다. 현재 일일 동영상 업로드 건수가 50건을 넘어 많은 회원들이 재미있게 참여하고 있다. 급변하는 기상 조건을 실시간으로 전달하기 위하여 인터넷이나 스마트폰으로 조회가 가능한 실시간 기상 안내 서비스인 웹캠 서비스를 제공하고 있다. 홈페이지의 인터넷 쇼핑몰은 'Mall in Mall' 방식으로 운영되며, 온라인 골프쇼핑몰의 선두업체인 (주)골프솔루션에서 입점하여 운영하고 있다.

4) 고객의 충성도와 경영성과

① 고객 충성도

골프클럽의 설립을 위한 기획 단계에서부터 서비스를 고려하여 디자인한 공간과 혁신적인 프로세스의 과감한 도입으로 B골프클럽은 서비스 준비를 전략적으로 준비하고 진행해왔다. 이러한 과정은 높은 수준의 내부서비스 품질을 가능하게 하였다. 이어서 직원의 만족도를 향상시키기 위한 다양한 프로그램의 개발은 직원의 만족도와 충성도를 향상시켜왔다. 특히 비정규직 직원인 캐디의 충성도를 향상시키기 위한 B골프클럽의 전략은 비정규직을 많이 활용하는 타 서비스 기업에서 눈여겨볼 필요가 있다.

B골프클럽은 설립 후 3년이 지난 2006년에 2만 명의 인터넷 예약

회원을 확보하여 유지하는 가시적인 성과를 거두었다. 골프장경영 협회에 의하면 2006년부터 2012년까지 회원사로 등록된 골프장의 수는 평균 7.4% 증가했으나 내방 고객은 4.8% 증가하였다고 발표하였다. 이러한 통계를 볼 때 전체적으로 고객의 숫자가 증가하였지만 개별 골프장별로는 고객의 숫자가 감소하고 있음을 알 수 있다. 특히 골프장경영협회에 등록하지 않은 골프장의 경영 상태가 더욱 취약하다는 점을 감안하면 우리나라 전체 골프장의 평균 내방 고객의 감소 폭은 더욱 클 것으로 추정된다. 이와 같이 골프장의 전반적인 고객 감소 현상을 고려할 때 B골프클럽은 서울로부터 상당한 거리에 소재함에도 불구하고 지속적으로 경쟁력을 유지해온 것으로 분석된다.

2012년부터 회원이 라운딩 예약을 한 후 예약 권한이 없는 일반 고객(비회원)에게 예약권을 위임할 수 있도록 개선하여 제도적으로 고객의 추천을 유도하고 있다. 회원의 추천을 통하여 B골프클럽을 이용한 비회원이 골프코스와 서비스에 만족하여 회원으로 등록하는 사례가 많으며, 회원과 비회원 모두로부터 좋은 반응을 얻고 있다.

② 재무적 성과

재무적 성과는 객관성을 확보하기 위해 외부에 공개된 자료를 확보하고자 노력하였으며, B골프클럽의 재무 자료는 금융감독원의 전자공시시스템(http://dart.fss.or.kr/)으로부터 확보할 수 있었다.

골프 산업 관련 연구소에 따르면 대부분의 골프장들이 경영성과가 악화되고 재무적인 어려움을 상당히 겪고 있다고 한다. 관련 연구소의 자료에 의하면 골프장의 매출액을 간접적으로 나타내는 홀당 이용객 수가 10년 전에 비하여 20% 내지 30% 정도 감소하고 있다고 한다. 지난 10년 동안 매년 2% 내지 3%의 매출액 감소가 골프장별로 진행되어왔다고 해석할 수 있으며, 이것으로 골프장 업계의 실적 악화를 유추할 수 있다.

이러한 업계의 상황을 감안하면서 B골프클럽의 재무 자료를 검토해보면 침체된 시장에서도 B골프클럽은 매출액뿐만 아니라 수익성도 양호하게 유지하고 있는 것으로 해석된다. 특이할 만한 점은 영업이익률과 매출액순이익률 간의 차이가 다른 경쟁 골프장에 비해 상당할 정도로 적게 나타나는데, 이것은 차입금의 비율이 낮아 금융비용의 지출이 적다는 것을 의미한다. B골프클럽의 매출액 역시 2010년 248억 원을 정점으로 2012년에 230억 원, 2013년에는 205억 원, 2014년과 2015년은 각각 190억 원으로 감소하였다. 앞에서 설명한 바와 같이 B골프클럽은 식음료와 프로샵과 같은 부대 업무를 위탁 서비스로 제공하고 있어 수수료 수입만이 회계상 수익으로 처리되므로 매출액에서는 연간 30억 원 정도 축소된 규모로 표시되는 착시 현상이 일어나지만 영업이익이나 당기순이익에는 영향을 주지 않는다. 당기순이익은 2009년 27억 원에서 2011년 98억 원으로 증가한 후 2013년 71억원, 2014년과 2015년은 57억원으로 감소하였다. 골프장 업계의 불경기 영향으로 매출액과 당기순이익에서 감소세를 보이고 있지만 타 골프클럽과 비교하면 재무 성과에서도 경쟁우위를 점하고 있다. 영업이익률과 매출액순이익률은 동업계의 평균보다 약 20%p 이상 높은 것으로 알려지고 있다.

③ 비재무적 성과

성과 측정에서 전통적이며 가장 대중적으로 고려하는 것이 재무적 성과이다. 하지만 최근에는 회계에 기반한 재무적 성과만으로는 장기적인 성장성을 가늠하기가 어렵다는 비판과 함께 균형성과표(balanced score card)를 도입하고 있다. 균형성과표와 같은 비재무적 성과는 장래에는 재무적 성과를 만들어낼 수 있을 것으로 예상되지만 당기에는 재무적으로 측정되지 않는 성과이다. 즉, 당장에는 매출액이나 이익으로 표시되지 않지만 미래에 수익으로 변환되거나 운영 비용을 감소시킬 수 있는 현재의 성과들을 말한다.

B골프클럽의 중요한 비재무적 성과는 퍼블릭 골프클럽에 대한 인식의 전환이다. 퍼블릭 골프클럽 최초로 '한국의 10대 골프코스'로 선정되어 대다수의 회원제 골프클럽보다 코스 면에서 우수함을 인정받았다. 그리고 '한국의 10대 퍼블릭 코스'에 1위로 선정되었고 '친환경 베스트 10 골프장'으로 선정되었으며 또한 '녹색골프장'으로 선정되어 환경 친화적이며 내실 있는 골프클럽으로 인식되고 있다. 성실한 납세를 통하여 성실납세자로 선정될 정도로 건강한 경영을 실친히고 있으며, 기업의 사회적 책임의 실천으로 시각장애인 골프대회, 중고등학교 골프대회, 아마추어 골프대회 등을 개최하여 장애인들에게는 골프의 즐거움과 자신감을 제공하고 청소년 선수와 아마추어 선수들에게는 골프 선수로 도약할 수 있는 기회를 제공하고 있다. 그리고 고용 형태의 구분 없이 모든 직원들이 참여할 수 있는 직원 만족 프로그램을 개발하고 적극적으로 지원함으로써 서비스 기업으로 지속 성장(sustainable growth)을 할 수 있는 기초를 만들어가고 있

는 점 역시 중요한 비재무적 성과이다. 특히 골프클럽에서 가장 중요하게 생각하는 서비스 직원인 경기보조원들의 안정적인 수입을 위해 별도의 시스템을 개발하여 운영하고 있는 점은 다른 골프클럽에서 벤치마킹할 만한 시스템이다.

B골프클럽은 중형 규모의 골프클럽으로서 상대적으로 자원이 제한적임에도 불구하고 꾸준히 CSR(corporate social responsibility) 활동을 지속하고 있다. 장애인 골프대회와 중고등학교 골프대회 등이 그 예이다. 이러한 CSR 활동은 직원들로 하여금 자긍심을 가지게 하여 서비스 직원의 정착률, 특히 경기보조원인 캐디의 조직에 대한 충성도 향상에 크게 기여하고 있다.

마무리

본 사례 조사는 S-PC 모델에서 제시한 요인들과 성과 경로들을 중심으로 중형 규모인 퍼블릭 골프클럽의 서비스 경영에 대한 전략과 실행 내용을 검토하고 현장의 실무자들에게 도움이 될 만한 내용들을 찾아본 것이다.

B골프클럽은 자연 지형을 그대로 유지하면서 완성한 골프코스로, 자연의 정취와 골프의 묘미를 동시에 충족할 수 있도록 설계하였다. 그 결과 B골프클럽은 매년 '한국의 10대 골프코스'로 선정되고 있으며 고객들로부터 호평을 받고 있다. 코스 만족도는 고객들이 이 골

프장을 찾는 첫 번째 이유가 되고 있다. 서비스 시스템과 프로세스 측면에서 B골프클럽은 도입 당시에 획기적인 아이디어로 평가되었던 100% 인터넷 예약 시스템을 도입하여 골프장 예약의 부조리를 근본적으로 해결하고, 예약의 정확도와 신뢰도를 제공하여 고객들로부터 신뢰와 호평을 받고 있으며 직원들로부터도 환영을 받고 있다.

골프클럽의 가장 중요한 서비스 직원이라고 할 수 있는 경기보조원의 수입 안정을 위하여 관련 시스템을 개발하여 실행하고 있으며, 경기보조원을 포함한 직원들에게 최신 시설의 기숙사를 제공하고 각종 동아리 활동을 독려하고 지원하고 있다. 그리고 매년 우수 직원과 우수 경기보조원을 선발하여 해외여행 인센티브를 제공하고 있다. 여러 가지 프로그램에서 찾은 가장 중요한 시사점은 직원을 대상으로 한 모든 프로그램에 비정규직인 경기보조원이 동등하게 참여한다는 점이다. 서비스 직원으로서 경기보조원의 중요성을 이해하고 그에 따른 제대로 된 직원 만족 프로그램을 운영하고 있는 것이다.

고객 설문조사와 신용카드 데이터를 분석하여 서비스의 니즈를 찾아내고 그에 적합한 서비스 전략을 개발하고 있다. B골프클럽은 독특한 인티넷 회원제로 예약 및 부가 서비스를 제공하고 있으며 '랭킹존' 서비스, 스윙 동영상 서비스, 실시간 기상 안내 시비스(웹캠 서비스), 'Mall in Mall' 방식의 온라인 쇼핑몰 등 다양하고 흥미로운 서비스를 홈페이지에서 제공하고 있으며, 고객으로부터 좋은 반응을 얻고 있다.

고객의 충성도는 고객 유지, 재구매 그리고 지인에 대한 추천으로 설명된다. B골프클럽은 2만 명 이상의 인터넷 회원(예탁금제)을 유지하여 대중제(퍼블릭) 골프장이지만 회원제 골프장 이상의 효과를 만들어내고 있다. 이미 많은 회원들이 지인들에게 추천(referral)을 하고 있지만 제도적으로 비회원에게 예약권을 위임(추천)할 수 있는 시스템을 도입하여 골프클럽 차원에서 고객 추천을 유도하고 있다.

경영성과의 측면에서 재무적 성과는 수년간 지속된 골프클럽의 경기 악화에도 불구하고 200억 원대의 매출액을 유지하고 있으며, 업계 평균을 훨씬 상회하는 영업이익률과 매출액순이익률을 달성하고 있다. 비재무적 성과는 우선 대중제 골프클럽에 대한 인식을 변화시켰고, 자연 친화적인 골프코스의 디자인으로 '한국의 10대 골프코스', '한국의 10대 퍼블릭 코스', '친환경 베스트 10 골프장' 등으로 선정된 것이다. 그리고 기업의 사회적 책임의 실천으로 시각장애인 골프대회, 중고등학교 골프대회, 아마추어 골프대회를 개최하고 있으며, 성실납세자로 선정된 점도 건강한 조직이라는 비재무적 성과를 보여주는 것이다.

사례 조사의 대상으로 선택한 이유에서 설명하였듯이, B골프클럽은 접근성도 용이하지 않고 대중제 골프클럽이라는 선입관이 엄연히 존재하는 시장에서 대기업 계열의 회원제 골프클럽보다 더 좋은 평가와 경영 실적을 만들고 있으며 지속적으로 고객으로부터 사랑을 받고 있는 이유를 S-PC 모델을 이용하여 찾아보았다.

시장의 상황을 살펴보면 대부분의 골프장들이 내방객의 감소에 따른 경영 악화로 어려움을 겪고 있고 그로 인해 재무적으로 고통을 받고 있다. 이러한 현실에서도 골프 애호가들로부터 꾸준히 사랑을 받으며 지속적으로 발전하고 있는 B골프클럽은 우리가 발견하지 못했던 무엇이 있었음에 틀림이 없다. 이것이 전형적인 서비스 기업인 골프클럽에서 S-PC 모델을 적용하여 성공의 이유를 찾아본 이유이다. 업종이 다르고 시장의 상황이 달라도 S-PC 모델이 서비스 기업의 성과, 즉 서비스 경영의 성공을 이끄는 안내판이 될 것이라는 것을 이번 사례를 통하여 알 수 있었다.

서비스는 솔루션이다

먼동이 틀 때까지 도깨비와 씨름했다는 선비의 옛날 이야기가 생각난다. 도깨비 같은 허상과 오랫동안 힘겨루기를 하고 있는 자신의 이야기이다. 이제 서비스에 대한 오해와 허상에서 벗어나 조금씩 서비스의 실체, 진짜 서비스에 다가가는 느낌이다.

서비스는 우리 삶의 한 부분이고, 평생을 주거니 받거니 하면서 살아가지만 보이지도 잡히지도 않는 신기한 녀석이다. 진짜 서비스를 찾아가면서, 우리가 사용하는 제품과 서비스는 별개가 아니라는 사실을 깨닫고, 고객과 소비자는 누구인지를 생각해본다. 그러면서 결국 서비스는 고객과 소비자가 필요로 하는 문제를 해결해주는 솔루션(solution)이라는 해답에 도달한다.

평생 동안 서비스를 주고받으면서 그 과정에서 우리는 커뮤니게이션이라는 복병을 만난다. 세상의 모든 문제는 커뮤니케이션이 만들고, 결국 그 해결도 커뮤니케이션이 한다. 버리지 못할 바에는 내 편으로 만들어야 한다. 제대로 이해하고 연습해서 착하고 도움이 되는 커뮤니케이션으로 만들어가야 한다. 커뮤니케이션은 '읽기, 듣기,

말하기, 쓰기' 그 이상도 그 이하도 아니다. 이 네 가지만 잘하면 된다. 그런데 그것이 참 어렵다. 그래서 계속 생각하고 또 연습해야 한다.

기업을 경영하면서 기업의 생존과 성장을 위해 서비스는 우선적으로 고민하고 완성해야 할 주제라는 사실을 만난다. 어려운 주제를 가지고 이 궁리 저 궁리 하던 중 하버드 비즈니스 리뷰에서 짧지만 힘있는 논문을 만난다. 그것이 서비스-수익 체인(service-profit chain)이다. 서비스-수익 체인 모델을 이해하는 기업은 시장에서 도태되지 않을 것이며, 이 모델을 제대로 실행하는 기업은 지속 성장이라는 달콤한 과실을 맛볼 것이라고 확신한다.

지난 몇 년 동안 도깨비와 씨름하는 선비처럼 서비스와 힘겨루기를 해왔던 1라운드를 여기서 마무리한다.